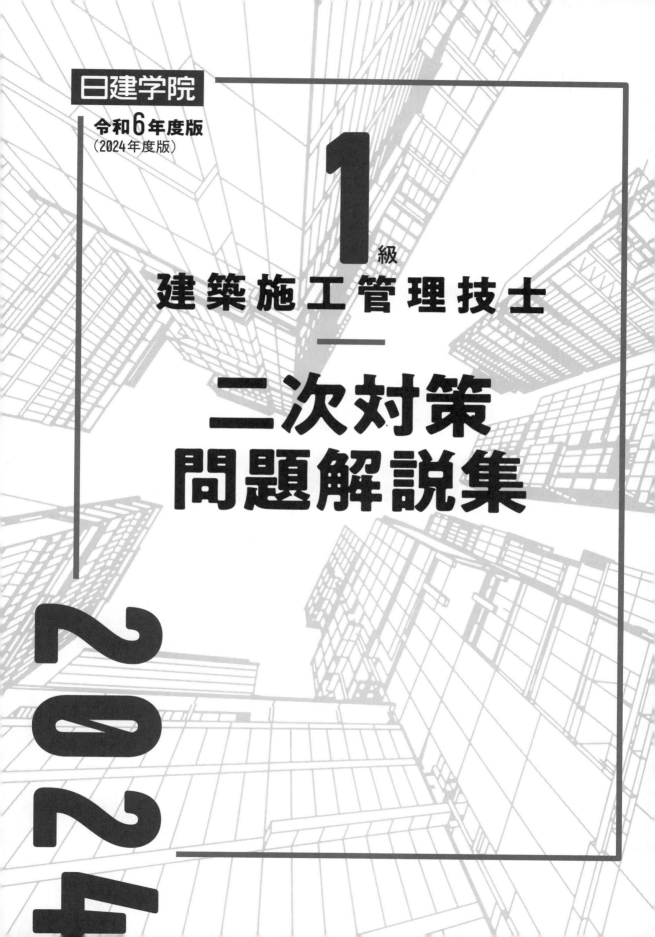

日建学院

令和6年度版
（2024年度版）

1級
建築施工管理技士

二次対策
問題解説集

2024

令和6年度版
1級建築施工管理技士　　二次対策問題解説集

1級建築施工管理技術検定　第二次検定　受検要領

※（一財）建設業振興基金発表資料より抜粋

　建築施工管理技術検定は、建築工事に従事する施工管理技術者の技術の向上を図ることを目的とした、建設業法に基づく検定制度です。一般財団法人建設業振興基金は、国土交通大臣の指定を受けて本検定を実施しております。

　この検定は、第一次検定と第二次検定に分かれて実施されます。第一次検定に合格すると1級建築施工管理技士補、第二次検定に合格すると1級建築施工管理技士の国家資格を取得することができます。

1．第二次検定の受検資格と申込方法等

　（一財）建設業振興基金ホームページ（⇨ https://www.fcip-shiken.jp/）で公表されています。確認してください。

2．第二次検定の申込書提出先

提　出　先　　一般財団法人建設業振興基金　試験研修本部

　　　　　　　〒105-0001　　東京都港区虎ノ門4丁目2-12　虎ノ門4丁目MTビル2号館

　　　　　　　TEL 03（5473）1581

3．第二次検定受検手数料

10,800円（消費税非課税）

4．第二次検定受検票送付

　　第二次検定受検票は、（一財）建設業振興基金から発送されます。

　　　注1　受検表が届かない場合は、（一財）建設業振興基金に連絡してください。

　　　注2　受検票を受け取ったら、試験日時、試験会場及び受検番号を必ず確認し、大切に保管してください。紛失した場合、事前に（一財）建設業振興基金へ連絡すると、再発行されます。

　　　注3　受検票は、試験終了後も大切に保管してください。

　　　注4　受検地等の変更の場合は、所定の申請書により手続きをしてください。

　　　　　（第一次検定の際に受検地変更し、第二次検定においても受検地変更したい場合は、再度変更手続きが必要となります。）

５．第二次検定の内容等

（1）試験の時間割

受 付	入室時刻	試験問題配付説明	試験時間
12：00～	12：30まで	12：45～13：00	13：00～16：00

（2）試 験 地

札幌・仙台・東京・新潟・名古屋・大阪・広島・高松・福岡・沖縄

- ○ 第一次検定を受検した方の第二次検定地は、第一次検定と同じ試験地になります。
  （試験会場は第一次検定と同じとは限りません。第二次検定受検票で確認してください。）
- ○ 第一次検定時に受検地変更した方は、第一次検定申込時の試験地に戻ります。
  第二次検定の受検地も変更する場合は、改めて「受検地変更届」を試験日の14日前（必着）までに提出してください。
- ○ 会場確保の都合上、やむを得ず近郊の府県を含む周辺自治体で実施する場合がありますのでご了承ください。
- ○ 試験会場は、受検票でお知らせします。

（3）試験の内容

① 第二次検定は、筆記試験です。解答は記述方式及びマークシート方式です。

② 施工技術検定規則に定める検定科目及び検定基準、これに対応する解答形式は、次のとおりです。なお、法令等は令和6年1月1日に有効なものとします。

検定区分	検定科目	検定基準	知識・能力の別	解答形式
第二次検定	施工管理法	1　監理技術者として、建築一式工事の施工の管理を適確に行うために必要な知識を有すること。	知識	五肢択一（マークシート方式）
		2　監理技術者として、建築材料の強度等を正確に把握し、及び工事の目的物に所要の強度、外観等を得るために必要な措置を適切に行うことができる応用能力を有すること。 3　監理技術者として、設計図書に基づいて、工事現場における施工計画を適切に作成し、及び施工図を適正に作成することができる応用能力を有すること。	能力	記述

６．第二次検定試験問題の公表

試験問題は、試験日の翌日の午前9時から1年間、（一財）建設業振興基金ホームページ（⇨ https://www.fcip-shiken.jp/）で公表されます。

7．第二次検定の合格発表

　　　合格発表日に、（一財）建設業振興基金から本人宛に合否の通知が発送されます。

　　　（一財）建設業振興基金WEBサイトでは、合格発表日の午前9時から2週間、合格者の受検番号を掲載します。全地区の合格者の受検番号を閲覧することもできます。

注1　合否通知が届かない場合は、速やかに（一財）建設業振興基金に連絡してください。

注2　（一財）建設業振興基金は試験結果・合否内容等に関するお問い合わせには、一切応じていません。

8．技術検定合格証明書の交付申請手続き

　　　第二次検定合格者は、国土交通省へ交付申請を行うことによって、国土交通大臣より『1級技術検定（第二次検定）合格証明書』（技士の証明書）が交付されます。交付申請の詳細については、第二次検定合格通知書にてご確認ください。

本要領は2024年4月末時点の（一財）建設業振興基金発表資料を元に構成しました。

最新の試験の日程等の詳細については、（一財）建設業振興基金ホームページをご確認ください。

1級建築施工管理技術検定　第二次検定　出題内容・合格の目安

1．出題内容

第二次検定の出題は、計6問で、全問必須問題です。

① 施工経験記述

品質管理、工程管理、地球環境、建設副産物などのテーマが指定され、それらの管理項目について記述する形式です。

② 仮設工事・災害防止

経験に基づく管理能力の有無を問うもので、仮設工事、災害防止に関して出題されています。

③ 躯体工事

主に、鉄筋コンクリート工事、鉄骨工事、地業工事などから、間違いを訂正させる問題、留意事項を記述させる問題が出題されています。

④ 仕上工事

主に、防水工事、左官工事、タイル工事、建具工事などから、間違いを訂正させる問題、留意事項を記述させる問題が出題されています。

⑤ 施工管理法

ネットワーク工程表を読み取る工程管理の問題が出題されています。

⑥ 法　　規

建設業法、建築基準法、労働安全衛生法等に関する穴埋め式の問題が出題されています。

	出題分野	出題数
1	施工経験記述	1
2	仮設工事・災害防止	1
3	躯体工事	1
4	仕上工事	1
5	施工管理法	1
6	法　　規	1
	合　計	6

2．合格の目安

「施工経験記述」は、受検者の建築施工管理経験の有無を判断するものであり、第二次検定において重要な問題です。合格の目安としては、まず、この「施工経験記述」がある程度記述できていることが前提といえます。

また、記述式問題は、第一次検定で学習した知識が、実際の現場で活用、応用でき施工管理ができるかを判断する出題となっています。

合格基準は、得点が60％以上です（試験の実施状況等を踏まえ、変更する可能性があります）。

施工経験記述・記入のポイント

　問題1として、出題される「施工経験記述」は、品質管理、工程管理、環境管理、建設副産物、施工の合理化などのテーマについて出題されています。

1．過去に出題された管理項目

年度	出題された管理項目
令和5年	あなたが現場で**重点的に品質管理**を行った事例を**3つ**あげ、それぞれの事例について、次の①から③を具体的に記述しなさい。 ①　**工種名又は作業名等** ②　施工に当たって設定した**品質管理項目**及びそれを**設定した理由** ③　②の品質管理項目について**実施した内容**及びその**確認方法又は検査方法**
令和4年	あなたが実施した**現場作業の軽減**の事例を**3つ**あげ、次の①から③について具体的に記述しなさい。 ①　**工種名等** ②　現場作業の軽減のために**実施した内容**と軽減が必要となった**具体的な理由** ③　②を実施した際に低下が懸念された品質と品質を確保するための**施工上の留意事項**
令和3年	あなたが現場で重点をおいて実施した**品質管理**の事例を**2つ**あげ、次の①から④について記述 ①　**工種名** ②　施工に当たっての**品質の目標**及びそれを達成するために定めた**重点品質管理項目** ③　②の重点品質管理項目を**定めた理由**及び発生を予測した欠陥又は不具合 ④　②の重点品質管理項目について、**実施した内容**及びその**確認方法又は検査方法**
令和2年	あなたが実施した現場における労務工数の軽減、工程の短縮などの**施工の合理化**の事例を**2つ**あげ、次の①から④について記述 ①　工種又部位等 ②　実施した**内容**と品質確保のための**留意事項** ③　実施した内容が**施工の合理化となる理由** ④　③の施工の合理化以外に得られた**副次的効果**
令和元年	あなたが重点的に**品質管理**を実施した事例を**2つ**あげ、次の①から③を具体的に記述 ①　**工種名、要求された品質**及びその品質を実現させるために設定した**品質管理項目** ②　①の品質管理項目を**設定した理由** ③　①の品質管理項目について、**実施した内容**及び**留意した内容**

平成30年	あなたが実施した**建設副産物対策**に係る**3つ**の事例をあげ、それぞれの事例について、次の①から④を具体的に記述 ① 建設副産物対策 ② 工種名等 ③ 対策として**実施したこと**と実施に当たっての**留意事項** ④ 実施したことによって得られた**副次的効果**
平成29年	あなたが計画した**施工の合理化**の事例を**2つ**あげ、それぞれの事例について、次の①から④を具体的に記述 ① 工種又は部位等 ② 施工の**合理化が必要となった原因**と**実施した内容** ③ 実施する際に**確保しようとした品質**と留意事項 ④ 実施したことにより施工の**合理化ができた**と考えられる理由
平成28年	あなたが担当した工種において実施した**品質管理活動**の事例を**2つ**あげ、次の①から③についてそれぞれ記述 ① 発注者や設計図書等により**要求された品質**及びその品質を満足させるために特に設定した**品質管理項目**を、**工種名**をあげて具体的に記述 ② ①で設定した品質管理項目について**取り上げた理由**を具体的に記述 ③ ①で設定した品質管理項目をどのように管理したかその**実施した内容**を具体的に記述
平成27年	あなたが計画し実施した建設副産物対策のうちから**発生抑制**について**2つ**、**再生利用**について**1つ**あげ、次の①から③の事項についてそれぞれ具体的に記述 ① 工種名 ② 計画・実施した内容 ③ 結果と波及効果
平成26年	設計図書などから読み取った要求品質を実現するために行った**品質管理活動**を**2つ**あげ、次の①から③について具体的に記述 ① 設計図書などから読み取った**要求品質**と、それを実現するために定めた**重点品質管理目標**を、それぞれ具体的に記述 ② ①の重点品質管理目標を達成するために設定した、施工プロセスにおける**品質管理項目**とそれを**定めた理由**を、具体的に記述 ③ ②の品質管理項目について、どのように管理したか、**実施した内容**を、具体的に記述

２．施工経験記述　記入のポイント

問題１　あなたが経験した**建築工事**について、次の問いに答えなさい。

１．**最近経験**した工事を１つ選び、次の事項について記述しなさい。

記入のポイント

● 最近経験したとは、過去５年間ぐらいを指すとしているが、重要な基準の差異がなければ10年前でも良い。
● 住宅など、4,500万円（建築一式工事7,000万円）未満の工事や規模の小さな工事は、監理技術者に当たらないので避けたい。

① **工 事 名**　　例　池袋ビル新築工事

記入のポイント

● 建築工事以外を記述しない。（排水埋設管工事、駐車場舗装工事、設備工事、電気工事等）
● ○○ビル、△△マンションなど固有名を記述する。
● 新築、増築、改修、改築、模様替え工事等の具体的な表現にする。
● 手直し工事や施工ミスの修繕工事等は、施工技術力の不足を暴露するものであるから記述しない。

② **工 事 場 所**　　例　東京都豊島区池袋　◇－△△－○○

記入のポイント

● ◇丁目△△番地○○号まで記述する。
● 寒冷地、海岸に近い強風地区、雨の多い地区など地形・地域を判断される場合もある。
● 外国の現場（建物）は、材料、風土、法令が異なる場合は、記述しないほうが良い。

③ **工事の内容**　　●新築等の場合：建物用途、構造、階数、延べ面積（又は施工数量）、主要な外部仕上げ、主要室の内部仕上げ
　　　　　　　　　　●改修等の場合：建物用途、主な改修内容、施工数量（又は建物規模）

　　　　　　　例　店舗及び事務所、ＲＣ造、地下１階、地上４階、延べ面積3,450㎡、外部二丁掛けタイル張り、内部床ビニルシート張り、壁及び天井ＰＢ下地ビニルクロス張り

記入のポイント

● 用途は、事務所、共同住宅（集合住宅）、庁舎、学校、公民館など具体的に表現する。
● 構造は、鉄筋コンクリート造、ＲＣ造、鉄骨造、Ｓ造、鉄骨鉄筋コンクリート造、ＳＲＣ造、一部○○造等と表現する。
● 階数は、地下◇階、地上△階、塔屋○階、Ｂ◇Ｆ、△Ｆ、ＰＨ○Ｆの表現で良い。
● 延べ面積は、各階の面積を表示して延べ面積○○㎡としても良いし、延べ面積○○㎡としても良い。階数規模により工期を概略算定し、冬場夏場などの季節を想定したり、梅雨や凍結などの状況を判断される。
● 延べ床面積、施工床面積などの表現は記述しないほうが良い。
● 主要な外部・内部仕上げは、外部小口タイル張り、内部床フローリング張り、壁及び天井ＰＢ下地ビニルクロス張り等と表現する。

● 改修内容については、床面積で表現するか、延べ面積で改修内容を表現するか、床、壁、天井、室名、階など施工数量を表示して具体的に表現する。

● 建物の規模を記述して改修内容を表現しても良い。ただし、余りに小さい工事は、記述しないほうが良い。

④ 工　　　　期　　　例　平成○○年○○月～平成○○年○○月、令和○年○○月～令和○年○○月、
　　　　　　　　　　　　　20○○年○○月～20○○年○○月

● 建物用途、構造、階数、規模を読み取り、地下、地上躯体、鉄骨工事、カーテンウォール工事、仕上げ工事、屋外工事などの季節、地域特性、突貫工事、適正工期などを判断される。

● 寒冷地での冬季工事の有無を判断するので、工事休止期間を記述することも必要となる場合がある。

⑤　あなたの立場　　　例　工　事　主　任

　記入のポイント

　　指導的な立場であることが必要で、「現場代理人」「主任技術者」「現場監督」「現場所長」「現場事務所長」「工事主任」「総括所長」「統括所長」等また、一級建築士を取得していて監理技術者資格者証を取得している者は「監理技術者」と記述しても良い。

2．上記の工事において、**品質管理上、特に留意した事項**とその**理由**を**2つ**あげ、それを防止するために行った**具体的な対策**又は**処置**について、それぞれ**2つ**記述しなさい。

　記入のポイント

● 「留意した事項」は、現場での事例とし、その状況が分かるように具体的に表現する。内容は「安全管理上」と課題が提示されているので、それに沿った記述とする。

● 経験した工事、建物規模、工期、施工場所等に整合していること。

● 留意した事項に対策や処置を記述しないこと。その理由をはっきり記述し、誰が読んでも、意味が正解に解釈できる内容とする。

● 書き方の例

　a．……について、……の理由で、……に留意した。

　b．……のため、………が発生するので、……を注意した。（に留意した。）

　c．……の理由で、……が生じる恐れがあるので、……に留意した。

　d．……に特に留意した。その理由は、……が生じる恐れがあるから。

● 具体的な対策又は処置は、枠をはみ出さないように、読みやすい小さい文字で書くことは可能なので8割程度で簡潔に、専門用語、通常の漢字を使用して記述する。

● 管理標準に関連する記述は、管理値、管理目標、許容管理値を記述するなど、1級の建築施工管理技術者としての表現で記述する。

　※2級建築施工管理技術検定試験においても同様に「施工経験記述」があり、大きな配点となっている。

　　1級と2級の技術者の技術知識には、境は引かれていないが、素人でも持ち合わせている知識の表現では、減点されるので、技術知識を正確に表現したほうが良い。

● 「○○管理上」と記述テーマが指定されている。また、「仮設工事における施工計画上」など、特に記述する内容を限定している出題もある。必ずその内容に整合した記述にすること。

● 「それぞれについて２つ」と記述する数を指定された場合は、必ず２つ記述する。指定されない場合でも、２〜３つぐらいの対策又は処置を記述するほうが良い。

● あなたが経験した工事でと質問されている。あなたが実施した「対策又は処置」は、既に過去となっているはずである。「……をする予定である」とか「……をすれば良い結果が得られる」など、現在形の表現は誤り。また、今後どうなるを記述すると大きな減点となる場合がある。過去形で表現する「……をした。」

● 「対策又は処置」の解答として、「……を計画した」「……を提出させた」では、実際の行動、実施事項が明記されていないので、大きな減点となる場合がある。「……を計画し、実施した。」と表現するほうが良い。

令和5年度

1級 建築施工管理技術検定

第二次検定

問　題

建築工事の施工者は、発注者の要求等を把握し、施工技術力等を駆使して品質管理を適確に行うことが求められる。

あなたが経験した**建築工事**のうち、要求された品質を満足させるため、品質計画に基づき**品質管理**を行った工事を**1つ**選び、工事概要を具体的に記入した上で、次の**1.** 及び**2.** の問いに答えなさい。

なお、**建築工事**とは、建築基準法に定める建築物に係る工事とし、建築設備工事を除くものとする。

〔工事概要〕
イ．工　　事　　名
ロ．工　事　場　所
ハ．工　事　の　内　容　┌ 新築等の場合：建物用途、構造、階数、延べ面積又は施工数量、
　　　　　　　　　　　　│　　　　　　　　　主な外部仕上げ、主要室の内部仕上げ
　　　　　　　　　　　　└ 改修等の場合：建物用途、建物規模、主な改修内容及び施工数量
ニ．工　　期　　等　（工期又は工事に従事した期間を年号又は西暦で年月まで記入）
ホ．あなたの立場
ヘ．あなたの業務内容

1. 工事概要であげた工事で、あなたが現場で**重点的に品質管理**を行った事例を**3つ**あげ、それぞれの事例について、次の①から③を具体的に記述しなさい。

　　ただし、**3つ**の事例の①は同じものでもよいが、②及び③はそれぞれ異なる内容を記述するものとする。

　　① **工種名又は作業名等**
　　② 施工に当たって設定した**品質管理項目**及びそれを**設定した理由**
　　③ ②の品質管理項目について**実施した内容**及びその**確認方法又は検査方法**

2. 工事概要であげた工事に係わらず、あなたの今日までの建築工事の経験を踏まえて、次の①及び②を具体的に記述しなさい。

　　ただし、**1.** の③と同じ内容の記述は不可とする。

　　① 品質管理を適確に行うための作業所における組織的な**取組**
　　② ①の取組によって得られる**良い効果**

工事概要	工 事 名		
	工 事 場 所		
	工事の内容		
	工 期	年 月〜 年 月 あなたの立場	
	あなたの業務内容		

問題1	1.事例1	①工種名又は作業名等	
		②品質管理項目及び設定した理由	
		③実施した内容及び確認方法又は検査方法	
	1.事例2	①工種名又は作業名等	
		②品質管理項目及び設定した理由	
		③実施した内容及び確認方法又は検査方法	
	1.事例3	①工種名又は作業名等	
		②品質管理項目及び設定した理由	
		③実施した内容及び確認方法又は検査方法	
	2.	①組織的な取組	
		②取組によって得られる良い効果	

15

問題2 建築工事における次の1．から3．の仮設物の設置を計画するに当たり、**留意すべき事項**及び**検討すべき事項**を、**それぞれ2つ**具体的に記述しなさい。

　　ただし、解答はそれぞれ異なる内容の記述とし、申請手続、届出及び運用管理に関する記述は除くものとする。

　　また、使用資機材に不良品はないものとする。

1．くさび緊結式足場

2．建設用リフト

3．場内仮設道路

問題2 【解答欄】

問題2	1.	事項1	
		事項2	
	2.	事項1	
		事項2	
	3.	事項1	
		事項2	

問題3 市街地での事務所ビル新築工事について、下の基準階の躯体工事工程表及び作業内容表を読み解き、次の1.から4.の問いに答えなさい。

工程表は工事着手時のもので、各工種の作業内容は作業内容表のとおりであり、型枠工事の作業④と、鉄筋工事の作業⑦については作業内容を記載していない。

基準階の施工は型枠工10人、鉄筋工6人のそれぞれ1班で施工し、③柱型枠、壁型枠返しは、⑧壁配筋が完了してから開始するものとし、⑨梁配筋（圧接共）は、⑤床型枠組立て（階段を含む）が完了してから開始するものとする。

なお、仮設工事、設備工事及び検査は、墨出し、型枠工事、鉄筋工事、コンクリート工事の進捗に合わせ行われることとし、作業手順、作業日数の検討事項には含めないものとする。

〔工事概要〕

用　　途：事務所

構造、規模：鉄筋コンクリート造、地上6階、延べ面積3,000㎡、基準階面積480㎡

1．型枠工事の作業④及び鉄筋工事の作業⑦の**作業内容**を記述しなさい。

2．型枠工事の③柱型枠、壁型枠返しの**最早開始時期（EST）**を記入しなさい。

3．型枠工事の⑥型枠締固め及び鉄筋工事の⑩床配筋の**フリーフロート**を記入しなさい。

4．次の記述の　　　　　に当てはまる**数値**を記入しなさい。

　　ある基準階において、②片壁型枠建込み及び③柱型枠、壁型枠返しについて、当初計画した型枠工の人数が確保できず、②片壁型枠建込みでは2日、③柱型枠、壁型枠返しでは1日、作業日数が増加することとなった。

　　このとき、墨出しからコンクリート打込み完了までの**総所要日数**は　　　　　日となる。

基準階の躯体工事工程表（当該階の柱及び壁、上階の床及び梁）

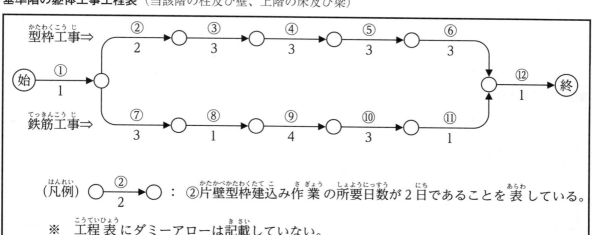

（凡例）　○──②──>○：②片壁型枠建込み作業の所要日数が2日であることを表している。
　　　　　　　2

※　工程表にダミーアローは記載していない。

17

作業内容表（所要日数には仮設、運搬を含む）

工　種	作　業　内　容	所要日数（日）
墨出し	① 墨出し	1
型枠工事	② 片壁型枠建込み	2
	③ 柱型枠，壁型枠返し	3
	④	3
	⑤ 床型枠組立て（階段を含む）	3
	⑥ 型枠締固め	3
鉄筋工事	⑦	3
	⑧ 壁配筋	1
	⑨ 梁配筋（圧接共）	4
	⑩ 床配筋	3
	⑪ 差筋	1
コンクリート工事	⑫ コンクリート打込み	1

ネットワーク工程表検討用

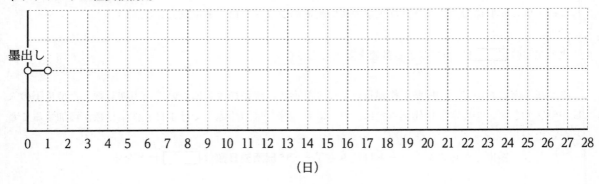

問題3 【解答欄】

問題3	1.	作業内容④			
		作業内容⑦			
	2.	最早開始時期			
	3.	フリーフロート⑥		フリーフロート⑩	
	4.	総所要日数			

問題4 次の1. から4. の問いに答えなさい。

ただし、解答はそれぞれ異なる内容の記述とし、材料(仕様、品質、搬入、保管等)、作業環境(騒音、振動、気象条件等)、養生及び安全に関する記述は除くものとする。

1. 土工事において、山留め壁に鋼製切梁工法の支保工を設置する際の施工上の**留意事項**を2つ、具体的に記述しなさい。

ただし、地下水の処理及び設置後の維持管理に関する記述は除くものとする。

2. 鉄筋工事において、バーサポート又はスペーサーを設置する際の施工上の**留意事項**を2つ、具体的に記述しなさい。

3. 鉄筋コンクリート造の型枠工事において、床型枠用鋼製デッキプレート(フラットデッキプレート)を設置する際の施工上の**留意事項**を2つ、具体的に記述しなさい。

4. コンクリート工事において、普通コンクリートを密実に打ち込むための施工上の留意事項を2つ、具体的に記述しなさい。

問題4 【解答欄】

問題4	1.	1	
		2	
	2.	1	
		2	
	3.	1	
		2	
	4.	1	
		2	

次の1．から8．の各記述において、￣に当てはまる**最も適当な語句又は数値の組合せ**を、下の枠内から１つ選びなさい。

1．塩化ビニル樹脂系シート防水の接着工法において、シート相互の接合部は、原則として水上側のシートが水下側のシートの上になるよう張り重ねる。

また、シート相互の接合幅は、幅方向、長手方向とも、最小値 a mmとし、シート相互の接合方法は、 b と c を併用して接合する。

	a	b	c
①	40	接着剤	液状シール材
②	100	接着剤	テープ状シール材
③	100	溶着剤又は熱風	テープ状シール材
④	40	溶着剤又は熱風	液状シール材
⑤	100	溶着剤又は熱風	液状シール材

2．セメントモルタルによる外壁タイル後張り工法の引張接着強度検査は、施工後２週間以上経過した時点で、油圧式接着力試験機を用いて、引張接着強度と a 状況に基づき合否を判定する。

また、下地がモルタル塗りの場合の試験体は、タイルの目地部分を b 面まで切断して周囲と絶縁したものとし、試験体の数は100㎡以下ごとに１個以上とし、かつ、全面積で c 個以上とする。

	a	b	c
①	破　壊	下地モルタル	2
②	破　壊	コンクリート	2
③	破　壊	コンクリート	3
④	打　音	コンクリート	3
⑤	打　音	下地モルタル	3

3. 鋼板製折板葺屋根におけるけらば包みの継手位置は、端部用タイトフレームの位置よりできるだけ ⌞ a ⌟ ほうがよい。

　また、けらば包み相互の継手の重ね幅は、最小値 ⌞ b ⌟ mmとし、当該重ね内部に不定形又は定形シーリング材をはさみ込み、⌞ c ⌟ 等で留め付ける。

	a	b	c
①	近 い	100	ドリリングタッピンねじ
②	離 す	60	溶接接合
③	近 い	60	ドリリングタッピンねじ
④	近 い	100	溶接接合
⑤	離 す	100	ドリリングタッピンねじ

4. 軽量鉄骨壁下地のランナー両端部の固定位置は、端部から ⌞ a ⌟ mm内側とする。

　ランナーの固定間隔は、ランナーの形状、断面性能及び軽量鉄骨壁の構成等により ⌞ b ⌟ mm程度とする。

　また、上部ランナーの上端とスタッド天端の隙間は10mm以下とし、スタッドに取り付けるスペーサーの間隔は ⌞ c ⌟ mm程度とする。

	a	b	c
①	100	600	900
②	50	900	600
③	50	600	900
④	50	900	900
⑤	100	900	600

5. 仕上げ材の下地となるセメントモルタル塗りの表面仕上げには、金ごて仕上げ、木ごて仕上げ、はけ引き仕上げがあり、その上に施工する仕上げ材の種類に応じて使い分ける。

　　一般塗装下地、壁紙張り下地の仕上げの場合は、　a　仕上げとする。

　　壁タイル接着剤張り下地の仕上げの場合は、　b　仕上げとする。

　　セメントモルタル張りタイル下地の仕上げの場合は、　c　仕上げとする。

	a	b	c
①	金ごて	木ごて	はけ引き
②	金ごて	金ごて	はけ引き
③	木ごて	木ごて	はけ引き
④	金ごて	金ごて	木ごて
⑤	木ごて	金ごて	木ごて

6. アルミニウム製建具工事において、枠のアンカー取付け位置は、枠の隅より150mm内外を端とし、中間の間隔を　a　mm以下とする。

　　くつずりをステンレス製とする場合は、厚さ　b　mmを標準とし、仕上げはヘアラインとする。

　　また、一般的に、破損及び発音防止のためのくつずり裏面のモルタル詰めは、取付け　c　に行う。

	a	b	c
①	500	1.5	後
②	600	1.5	前
③	600	1.6	後
④	500	1.6	前
⑤	500	1.5	前

7．せっこうボード面の素地ごしらえのパテ処理の工法には、パテしごき、パテかい、パテ付けの３種類がある。

　　　　a　　は、面の状況に応じて、面のくぼみ、隙間、目違い等の部分を平滑にするためにパテを塗る。

　　また、パテかいは、　　b　　にパテ処理するもので、素地とパテ面との肌違いが仕上げに影響するため、注意しなければならない。

　　なお、パテ付けは、特に　　c　　を要求される仕上げの場合に行う。

	a	b	c
①	パテしごき	全　面	美装性
②	パテしごき	全　面	付着性
③	パテかい	局部的	美装性
④	パテかい	全　面	美装性
⑤	パテかい	局部的	付着性

8．タイルカーペットを事務室用フリーアクセスフロア下地に施工する場合、床パネル相互間の段差と隙間を　　a　　mm以下に調整した後、床パネルの目地とタイルカーペットの目地を　　b　　程度ずらして割付けを行う。

　　また、カーペットの張付けは、粘着剥離形の接着剤を　　c　　の全面に塗布し、適切なオープンタイムをとり、圧着しながら行う。

	a	b	c
①	1	100	床パネル
②	2	50	床パネル
③	1	100	カーペット裏
④	2	100	カーペット裏
⑤	1	50	カーペット裏

問題５ 【解答欄】

問題5	1.		5.	
	2.		6.	
	3.		7.	
	4.		8.	

問題6 次の1. から3. の各法文において、 □□□ に当てはまる**正しい語句又は数値**を、下の該当する枠内から**1つ**選びなさい。

1. 建設業法（下請代金の支払）

第24条の3 元請負人は、請負代金の出来形部分に対する支払又は工事完成後における支払を受けたときは、当該支払の対象となった建設工事を施工した下請負人に対して、当該元請負人が支払を受けた金額の出来形に対する割合及び当該下請負人が施工した出来形部分に相応する下請代金を、当該支払を受けた日から □①□ 以内で、かつ、できる限り短い期間内に支払わなければならない。

2 前項の場合において、元請負人は、同項に規定する下請代金のうち □②□ に相当する部分については、現金で支払うよう適切な配慮をしなければならない。

3 （略）

①	① 10 日	② 20 日	③ 1 月	④ 3 月	⑤ 6 月

②	① 労務費	② 交通費	③ 材料費	④ 事務費	⑤ 諸経費

2．建築基準法施行令（根切り工事、山留め工事等を行う場合の危害の防止）

　　第136条の3　建築工事等において根切り工事、山留め工事、ウエル工事、ケーソン工事その他基礎工事を行なう場合においては、あらかじめ、地下に埋設されたガス管、ケーブル、水道管及び下水道管の損壊による危害の発生を防止するための措置を講じなければならない。

　　2　（略）

　　3　（略）

　　4　建築工事等において深さ　③　メートル以上の根切り工事を行なう場合においては、地盤が崩壊するおそれがないとき、及び周辺の状況により危害防止上支障がないときを除き、山留めを設けなければならない。この場合において、山留めの根入れは、周辺の地盤の安定を保持するために相当な深さとしなければならない。

　　5　（略）

　　6　建築工事等における根切り及び山留めについては、その工事の施工中必要に応じて点検を行ない、山留めを補強し、排水を適当に行なう等これを安全な状態に維持するための措置を講ずるとともに、矢板等の抜取りに際しては、周辺の地盤の　④　による危害を防止するための措置を講じなければならない。

③	① 0.5	② 1.0	③ 1.5	④ 2.0	⑤ 2.5

④	① 沈　下	② ゆるみ	③ 崩　落	④ 陥　没	⑤ 倒　壊

3．労働安全衛生法（総括安全衛生管理者）

第10条　事業者は、政令で定める規模の事業場ごとに、厚生労働省令で定めるところにより、総括安全衛生管理者を選任し、その者に安全管理者、衛生管理者又は第25条の2第2項の規定により技術的事項を管理する者の指揮をさせるとともに、次の業務を統括管理させなければならない。

一　労働者の　⑤　又は健康障害を防止するための措置に関すること。

二　労働者の安全又は衛生のための教育の実施に関すること。

三　健康診断の実施その他健康の保持増進のための措置に関すること。

四　労働災害の原因の調査及び　⑥　防止対策に関すること。

五　前各号に掲げるもののほか、労働災害を防止するため必要な業務で、厚生労働省令で定めるもの。

2　（略）

3　（略）

⑤	① 危　害	② 損　傷	③ 危　機	④ 損　害	⑤ 危　険

⑥	① 発　生	② 拡　大	③ 頻　発	④ 再　発	⑤ 被　害

問題6　【解答欄】

問題6	1.	①		②	
	2.	③		④	
	3.	⑤		⑥	

令和5年度

1級 建築施工管理技術検定

第二次検定

解答例・解説

問題1 【解答例－1】ＲＣ新築

<table>
<tr><td rowspan="5">工事概要</td><td colspan="2">工 事 名</td><td colspan="2">△△△△マンション新築工事</td></tr>
<tr><td colspan="2">工 事 場 所</td><td colspan="2">大阪府大阪市中央区東心斎橋〇丁目〇番〇号</td></tr>
<tr><td colspan="2">工事の内容</td><td colspan="2">共同住宅、ＲＣ造、地上15階、延べ面積2,749㎡、外部：45角二丁掛タイル張り、一部防水形複層塗材ＲＥ仕上、内部：天井、壁・ＰＢ下地の上ビニルクロス張り、床フローリング張り</td></tr>
<tr><td colspan="2">工 期</td><td>2020 年 8 月～2022 年 10 月</td><td>あなたの立場　工事主任</td></tr>
<tr><td colspan="2">あなたの業務内容</td><td colspan="2">工事管理全般</td></tr>
<tr><td rowspan="15">問題1</td><td rowspan="3">1. 事例1</td><td>①工種名又は作業名等</td><td colspan="2">地業工事（杭工事）</td></tr>
<tr><td>②品質管理項目及び設定した理由</td><td colspan="2">杭の支持層をＮ値50以上への地層への到達を品質管理項目とした。杭先端を確実に支持層に根入れすることが支持力確保に繋がるため。</td></tr>
<tr><td>③実施した内容及び確認方法又は検査方法</td><td colspan="2">掘削電流値の変化状況や施工状況をボーリング試験時に採取した土質標本と照らし合わせ、支持層出現の確認を行った。</td></tr>
<tr><td rowspan="3">1. 事例2</td><td>①工種名又は作業名等</td><td colspan="2">型枠工事</td></tr>
<tr><td>②品質管理項目及び設定した理由</td><td colspan="2">梁やスラブに生じやすい有害なひび割れやたわみを防止することを品質管理項目と定めた。長雨の影響で工程に遅れが生じたため。</td></tr>
<tr><td>③実施した内容及び確認方法又は検査方法</td><td colspan="2">型枠をピンポイント工法に変更し、構造体のたわみ強度を応力分布シミュレーションにより残存支柱の管理状態の確認を行った。</td></tr>
<tr><td rowspan="3">1. 事例3</td><td>①工種名又は作業名等</td><td colspan="2">左官工事</td></tr>
<tr><td>②品質管理項目及び設定した理由</td><td colspan="2">外部建具周りの防水モルタルの密実な充填状態を品質管理項目とした。</td></tr>
<tr><td>③実施した内容及び確認方法又は検査方法</td><td colspan="2">防水モルタル充填前に下地面の清掃を十分に行い、吸水調整材を塗布した。検査方法は、後日散水テストを実施して確認した。</td></tr>
<tr><td rowspan="2">2.</td><td>①組織的な取組</td><td colspan="2">関連会社の作業員全員を参加させた施工品質確認会を開催し、品質管理の要点について指導する。</td></tr>
<tr><td>②取組によって得られる良い効果</td><td colspan="2">各作業員の品質に対する考え方や、技術的な知識が向上する。</td></tr>
</table>

問題1 【解答例－2】 S新築

<table>
<tr><td rowspan="7">工事概要</td><td colspan="2">工　事　名</td><td colspan="2">□□□□店新築工事</td></tr>
<tr><td colspan="2">工　事　場　所</td><td colspan="2">山形県寒河江市○○町○○○－○</td></tr>
<tr><td colspan="2" rowspan="3">工事の内容</td><td colspan="2">店舗、鉄骨造、地上1階、延べ面積2,180㎡、屋根・外壁：ガルバリウム</td></tr>
<tr><td colspan="2">鋼板、天井：軽量鉄骨下地に化粧ケイカル板、壁：ＰＢ下地にビニルクロス</td></tr>
<tr><td colspan="2">張り、床：600角磁器質タイル</td></tr>
<tr><td colspan="2">工　　　期</td><td>2020 年10月～2021 年 8 月</td><td>あなたの立場　工事主任</td></tr>
<tr><td colspan="2">あなたの業務内容</td><td colspan="2">施工管理全般</td></tr>
<tr><td rowspan="20">問題1</td><td rowspan="3">1.
事例
1</td><td>①工種名又は作業名等</td><td colspan="2">タイル工事（床）</td></tr>
<tr><td>②品質管理項目
　及び設定した
　理由</td><td colspan="2">施工時の温度管理と接着力の管理を品質管理項目とした。冬季の施工にあたり、張付けモルタルが凍結するおそれがあったため。</td></tr>
<tr><td>③実施した内容及
　び確認方法又は
　検査方法</td><td colspan="2">施工後は全面打診検査を実施してタイルが確実に接着していることを確認した。</td></tr>
<tr><td rowspan="3">1.
事例
2</td><td>①工種名又は作業名等</td><td colspan="2">内装工事（壁）</td></tr>
<tr><td>②品質管理項目
　及び設定した
　理由</td><td colspan="2">プラスターボード下地の継目の平滑性確認を品質管理項目とした。継目に段差やすき間が生じていると、ビニルクロスに浮きや破れが生じるため。</td></tr>
<tr><td>③実施した内容及
　び確認方法又は
　検査方法</td><td colspan="2">下地の継目のくぼみにはパテ処理を実施し、段差やすき間が生じていないかを目視で点検して確認した。</td></tr>
<tr><td rowspan="3">1.
事例
3</td><td>①工種名又は作業名等</td><td colspan="2">コンクリート工事（土間コンクリート）</td></tr>
<tr><td>②品質管理項目
　及び設定した
　理由</td><td colspan="2">コンクリート打設後の養生管理を品質管理項目とした。冬季の施工となりコンクリートのひび割れが発生するおそれがあったため。</td></tr>
<tr><td>③実施した内容及
　び確認方法又は
　検査方法</td><td colspan="2">室内にジェットヒーターを設置し、5日間以上2℃以上に保たれるよう管理し、ひび割れがないか目視で確認した。</td></tr>
<tr><td rowspan="2">2.</td><td>①組織的な取組</td><td colspan="2">週に一度、協力会社と品質管理検討会を実施し、全作業員に周知して共有する。</td></tr>
<tr><td>②取組によって
　得られる良い効果</td><td colspan="2">品質への意識が向上して不具合の抑制にもなり、継続的な受注につながる。</td></tr>
</table>

工事概要	工　事　名		△△△プラザ改修工事
	工　事　場　所		静岡県浜松市中区○○○−○
	工　事　の　内　容		事務所、ＲＣ造、地上５階、塔屋１階、延べ面積1,725㎡、屋上改修：
			ウレタン塗膜防水通気緩衝工法345㎡、外壁改修：アルミカーテン
			ウォールシーリング865m、階段室改修：ビニル床シート58.4㎡
	工　　　期		2021 年 10 月〜 2022 年 2 月　あなたの立場　工事主任
	あなたの業務内容		施工管理全般
問題1	1.事例1	①工種名又は作業名等	ウレタン塗膜防水工事
		②品質管理項目及び設定した理由	水溜りのない下地面の平滑性の確保を管理項目とした。防水層の水溜りは、防水塗膜の剥離を起こし漏水の原因となるため。
		③実施した内容及び確認方法又は検査方法	保護コンクリート伸縮目地を撤去し、シール材を充填後、下地面を樹脂モルタルで平滑に仕上げ、水流試験を行い水溜りができないことを確認した。
	1.事例2	①工種名又は作業名等	シーリング工事
		②品質管理項目及び設定した理由	カーテンウォールシーリングにおいて、既存被着体との接着性の確保を管理項目とした。シーリング材の接着不良は漏水事故に直結するため。
		③実施した内容及び確認方法又は検査方法	プライマーは２液性エポキシプライマーを使用し、施工に先立ち新規シーリング材の接着性引張試験を行って密着性を確認した。
	1.事例3	①工種名又は作業名等	階段室床工事
		②品質管理項目及び設定した理由	膨れがないビニル床シートの施工とするため密着性の確保を管理項目とした。接着不良は将来的に剥がれを起こすおそれがあるため。
		③実施した内容及び確認方法又は検査方法	既存蹴上部分を残す改修工法とし、ウレタン樹脂系の接着剤を使用した。施工後、膨らみがないことを目視で確認した。
	2.	①組織的な取組	作業所において、品質管理リスクアセスメント表を作成し、毎朝、職方とともにチェックする。
		②取組によって得られる良い効果	品質管理リスクアセスメント表を確認することで、職方も品質に対して意識が上がり、品質向上につながる。

▶ 解 説

　建築工事の施工者は発注者の要求等（要求品質）を把握し、技術力を駆使して品質管理を行う。具体的には品質計画に基づいて**品質管理項目**（設定した理由が発注者の要求と合っている）を設定して品質管理目標（出来れば定量化された目標）と実現するために**実施した内容**（方法）とその**確認方法又は検査方法**が必要となる。

1．品質管理の問題では、「**発注者の要求等**」を把握したうえで、「**施工技術力等を駆使して**」とあるように、実際に現場でどのような品質管理を行っているか、技術的な内容で具体的に記述するとよい。

②　施工に当たって設定した**品質管理項目**及びそれを**設定した理由**

　品質管理は、全ての品質について同じレベルで行うよりも、重点的な管理を行うことが要求する品質に合致したものを作ることに繋がるため、特に重点を置いて管理した項目を具体的に記述する。（…を管理項目とした。）さらに、それを設定した理由を簡潔に記述する。（…ため。）

③　②の品質管理項目について**実施した内容**及び**その確認方法又は検査方法**

　実施した内容は、実際に行った内容を具体的に数値や専門用語を用いて記述する。（…した。）さらに、その確認方法又は検査方法について、具体的な方法や手段を記述する。

2．品質管理を適確に行うための作業所における組織的な**取組**

　「組織的」な取組について問われているので、実際に作業所で実施している品質管理の会議や活動の名称を記述したうえで、その会はいつ開催し、どのような人が参加し、どのようなものを使って実施しているのか具体的に記述する。

　組織的な取組によって得られる**良い効果**

　「良い効果」について問われているので、一つの工事の品質管理に限らず、より発展的な相乗効果に繋がっているという内容で記述する。

問題2	1.	事項1	足場の滑動防止に留意し、脚部には敷板を設置し、根がらみを設け、隣接建物および架空電線との離隔を確保できるように計画した。
		事項2	通行人など第三者に対する落下物等による危害のおそれに留意し、防護棚を設け、周辺環境にも配慮し、防音シート等を設置する計画とした。
	2.	事項1	リフトの荷台から過積載による倒壊・荷物の落下による危険が生じるおそれがあるため、最大積載荷重を現場に表示し、また囲いを設ける計画とした。
		事項2	巻き上げ用ワイヤロープの巻きすぎによる労働者の危険を防止するため、巻上げ用ワイヤロープに標識を付することと、警報装置を設ける計画とした。
	3.	事項1	複数の工事で多数の車両が仮設道路を使用するので、敷物の設置期間が長くなるため、使用に耐えられるように地盤転圧を行い鉄板を敷く計画とした。
		事項2	作業所内の仮設道路計画は、建物の形状や作業所外の車道、歩道の通行状況と作業所内での工事車両の動線、作業員の動線を検討する計画とした。

▰ 解 説 ▰

　建築工事における仮設物（くさび緊結式足場、建設用リフト、場内仮設道路）の設置を計画するに当たり、**留意すべき事項**及び**検討すべき事項**を2つ、具体的に記述する。ただし、申請手続き、届出及び運用管理に関する事項は除き、使用資機材には不良品はないものとする。

1．くさび緊結式足場

　くさび緊結式足場とは、手すりや斜材等を支柱の緊結部にくさびで緊結する足場のことで、留意事項は以下のようなものがある。
・ 緊結部付支柱の間隔は、桁行方向1.85m以下、梁間方向1.5m以下とし、緊結部付支柱を接続したほぞ部又はジョイント部は抜止めを施す。
・ 腕木の設置は高さ2m以下毎の全層全スパンとし、緊結部付床付き布枠を使用する場合は、緊結部付ブラケット又は緊結部付腕木を用いる。
・ 作業床には床付き布わく又は緊結部付床付き布枠を使用し、作業床の幅は40cm以上となるようにする。

2．建設用リフト

　建設用リフトとは、荷のみを運搬することを目的とするエレベーターのことで、留意事項は以下のようなものがある。
・ その日の作業を開始する前にブレーキ及びクラッチの機能、ワイヤロープが通っている箇所の状態について点検を行う。
・ 積載物の最大重量に応じた荷台面積として、積載物が荷台から出ないように注意する。
・ 積載荷重の表示を行い、作業を行う区域に関係労働者以外の労働者が立ち入ることを禁止し、その旨を見やすい箇所に表示する。
・ 建設用リフトの停止階には、荷の積み降ろし口に遮断設備を設ける。

3．場内仮設道路

　場内仮設道路とは、資機材の運搬車両、残土搬出車両、工事用什器等の走行や待機、工事関係者や来客の歩行のために場内に設置する仮設道路のことで、留意事項は以下のようなものがある。

・　長期にわたって繰返し荷重が作用するため、使用目的や使用頻度、走行頻度などを勘案した仕様とする。

・　作業員と車両の接触事故を排除するため、車両動線と作業員の動線を分離し、できるだけ交差させない計画とする。

・　本設道路とする箇所がある場合、路盤まで施工して仮設道路として利用すれば、長期にわたって設置でき、かつコストを削減できる。

問題3	1.	作業内容④	梁型枠組立て		
		作業内容⑦	柱配筋		
	2.	最早開始時期	5日		
	3.	フリーフロート⑥	5日	フリーフロート⑩	0日
	4.	総所要日数	24		

■ 解 説

　ネットワーク工程表にて作成された事務所ビルの躯体工事工程表（基準階）に関する設問で、作業内容は表に記載されている。

　条件　1）基準階の施工は型枠工10人、鉄筋工6人のそれぞれ1班で施工する

　　　　2）③柱型枠、壁型枠返しは、⑧壁配筋が完了してから開始する

　　　　3）⑨梁配筋（圧接共）は、⑤床型枠組立て（階段を含む）が完了してから開始する

1．型枠工事の作業④は、「③柱型枠，壁型枠返し」の後で「⑤床型枠組立て（階段を含む）」の前に終わる作業のため、「**④梁型枠組立て**」作業となる。鉄筋工事の作業⑦は、「①墨出し」の後で、「⑧壁配筋」の前に終わる作業のため、「**⑦柱配筋**」作業となる。

2．設問の条件でネットワークを作成すると下記のようになり、型枠工事の「③柱型枠、壁型枠返し」の最早開始時期（ＥＳＴ）は**5日**となる。

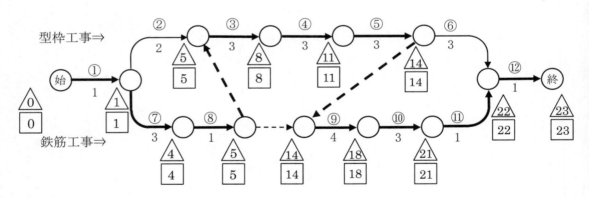

△　最遅終了時刻（LFT）

□　最早開始時刻（EST）

➡　クリティカルパス

34

3．下記のとおり、「⑥型枠締固め」のフリーフロートは**5日**、「⑩床配筋」のフリーフロートは**0日**となる。

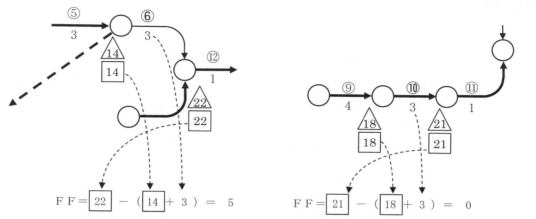

$$FF = \boxed{22} - (\boxed{14} + 3) = 5$$

$$FF = \boxed{21} - (\boxed{18} + 3) = 0$$

4．②片壁型枠建込みで2日、③柱型枠、壁型枠返しで1日、作業日数が増加することとなった場合、②は 2 + 2 = 4日、③は3 + 1 = 4日となるため、この場合のネットワークは下記のとおりとなる。したがって、このときの墨出しからコンクリート打込み完了までの総所要日数は**24日**となる。

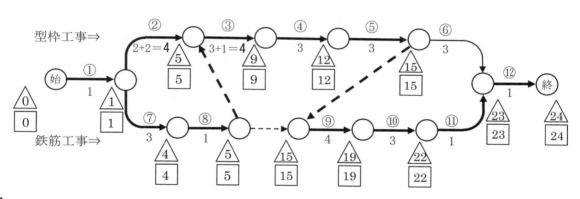

△　最遅終了時刻（LFT）
□　最早開始時刻（EST）
➡　クリティカルパス

35

問題4 【解答例】

問題4	1.	1	切梁及び腹起しは、脱落を防止するため、矢板、杭、等に確実な取り付けに留意した。
		2	火打ち梁を除く圧縮材の継手は、突合せ継手となるように留意した。
	2.	1	水平の鉄筋の位置を保持する場合は、バーサポートを使用し、寸法、数量に留意した。
		2	スラブ筋のスペーサーは、原則として、鋼製のものを使用し、かぶり厚さに留意した。
	3.	1	コンパネ床に比べ水平剛性が低いので水平荷重に対する倒壊防止に十分留意した。
		2	スラブ端部や開口部のコンクリート止め、小口塞ぎ等の取り付けに留意した。
	4.	1	打重ね時間はコールドジョイントができないように、再振動の時間に留意した。
		2	棒形振動機は60cm以下の間隔で垂直に挿入し鉄筋等に接触しないよう留意した。

■ 解 説

1．鋼製切梁工法の支保工を設置する際の施工上の留意事項は以下のようなものがある。（ただし、地下水の処理及び設置後の維持管理に関する記述は除く。）

・ 切梁は水平、鉛直方向に通りよく設置し、接合部は緩みや強度不足のないようにし、腹起しからの水平荷重を確実に支持させる。

・ 切梁を通りよく真直ぐに設置するために、切梁支柱を切り欠いた場合は、切梁支柱の補強を行う。

・ 切梁の接合部は、切梁の構造的な弱点となりやすいので、切梁支柱の近くに設ける。

2．バーサポート又はスペーサーを設置する際の施工上の留意事項は以下のようなものがある。

・ 梁のスペーサーの間隔は1.5m程度とし、端部は0.5m以内に配置する。

・ 鋼製のスペーサーは、型枠に接する部分に防錆処理を行ったものを使用する。

・ 所要のかぶり厚さや鉄筋間隔を確保するために、適正な大きさ・高さのバーサポート又はスペーサーを所定の数量配置する。

3．床型枠用鋼製デッキプレート（フラットデッキプレート）を設置する際の施工上の留意事項は以下のようなものがある。

・ デッキプレートは冷間成形薄型鋼板であるため、運搬時やつり上げの荷重や衝撃により、変形しやすいので取り扱いに注意する。

・ 施工荷重によるたわみを考慮し、梁との隙間からノロ漏れが生じないよう留意する。

・ スラブ端部や開口部のコンクリート止め、小口塞ぎ等を取り付ける。

4．普通コンクリートを密実に打ち込むための施工上の留意事項は以下のようなものがある。

・ コンクリートはできるだけ低い位置から、打ち込む位置に筒先を近づけて打込み、横流しはしない。

・ 前日の型枠の水洗い、及びドライアウトに留意した当日の水湿しを行う。

・ 打重ね部の締固めは、棒形振動機の先端を先に打設されたコンクリートに挿入して行う。

問題５【解答例】

問題5	1.	4	5.	4
	2.	3	6.	5
	3.	3	7.	3
	4.	2	8.	1

■ 解　説

1. シート相互の接合幅は、幅方向、長手方向とも、最小値 a:40 mmとし、シート相互の接合方法は、 b:溶着材又は熱風 と c:液状シール材 を併用して接合する。

2. セメントモルタルによる外壁タイル後張り工法の引張接着強度検査は、施工後2週間以上経過した時点で、油圧式接着力試験機を用いて、引張接着強度と a:破壊 状況に基づき合否を判定する。また、下地がモルタル塗りの場合の試験体は、タイルの目地部分を b:コンクリート 面まで切断して周囲と絶縁したものとし、試験体の数は100㎡以下ごとに1個以上とし、かつ、全面積で c:3 個以上とする。

3. 鋼板製折板葺屋根におけるけらば包みの継手位置は、端部用タイトフレームの位置よりできるだけ a:近い ほうがよい。また、けらば包み相互の継手の重ね幅は、最小値 b:60 mmとし、当該重ね内部に不定形又は定形シーリング材をはさみ込み、 c:ドリリングタッピンねじ 等で留め付ける。

4. 軽量鉄骨壁下地のランナー両端部の固定位置は、端部から a:50 mm内側とする。ランナーの固定間隔は、ランナーの形状、断面性能及び軽量鉄骨壁の構成等により b:900 mm程度とする。また、上部ランナーの上端とスタッド天端の隙間は10mm以下とし、スタッドに取り付けるスペーサーの間隔は c:600 mm程度とする。

5. 一般塗装下地、壁紙張り下地の仕上げの場合は、 a:金ごて 仕上げとする。壁タイル接着剤張り下地の仕上げの場合は、 b:金ごて 仕上げとする。セメントモルタル張りタイル下地の仕上げの場合は、 c:木ごて 仕上げとする。

6. アルミニウム製建具工事において、枠のアンカー取付け位置は、枠の隅より150mm内外を端とし、中間の間隔を a:500 mm以下とする。くつずりをステンレス製とする場合は、厚さ b:1.5 mmを標準とし、仕上げはヘアラインとする。また、一般的に、破損及び発音防止のためのくつずり裏面のモルタル詰めは、取付け c:前 に行う。

7. a:パテかい は、面の状況に応じて、面のくぼみ、隙間、目違い等の部分を平滑にするためにパテを塗る。また、パテかいは、 b:局部的 にパテ処理するもので、素地とパテ面との肌違いが仕上げに影響するため、注意しなければならない。なお、パテ付けは、特に c:美装性 を要求される仕上げの場合に行う。

8．タイルカーペットを事務室用フリーアクセスフロア下地に施工する場合、床パネル相互間の段差と隙間を $\boxed{\text{a：1}}$ mm以下に調整した後、床パネルの目地とタイルカーペットの目地を $\boxed{\text{b：100}}$ mm程度ずらして割付けを行う。また、カーペットの張付けは、粘着剥離形の接着剤を $\boxed{\text{c：床パネル}}$ の全面に塗布し、適切なオープンタイムをとり、圧着しながら行う。

問題6 【解答例】

問題6	1.	①	3	②	1
	2.	③	3	④	1
	3.	⑤	5	⑥	4

解　説

1．建設業法（下請代金の支払）第24条の3

　元請負人は、請負代金の出来形部分に対する支払又は工事完成後における支払を受けたときは、当該支払の対象となった建設工事を施工した下請負人に対して、当該元請負人が支払を受けた金額の出来形に対する割合及び当該下請負人が施工した出来形部分に相応する下請代金を、当該支払を受けた日から①**1月**以内で、かつ、できる限り短い期間内に支払わなければならない。

　２　前項の場合において、元請負人は、同項に規定する下請代金のうち②**労務費**に相当する部分については、現金で支払うよう適切な配慮をしなければならない。

2．建築基準法施行令（根切り工事、山留め工事等を行う場合の危害の防止）第136条の3

　建築工事等において根切り工事、山留め工事、ウエル工事、ケーソン工事その他基礎工事を行なう場合においては、あらかじめ、地下に埋設されたガス管、ケーブル、水道管及び下水道管の損壊による危害の発生を防止するための措置を講じなければならない。

　４　建築工事等において深さ③**1.5**メートル以上の根切り工事を行なう場合においては、地盤が崩壊するおそれがないとき、及び周辺の状況により危害防止上支障がないときを除き、山留めを設けなければならない。この場合において、山留めの根入れは、周辺の地盤の安定を保持するために相当な深さとしなければならない。

　６　建築工事等における根切り及び山留めについては、その工事の施工中必要に応じて点検を行ない、山留めを補強し、排水を適当に行なう等これを安全な状態に維持するための措置を講ずるとともに、矢板等の抜取りに際しては、周辺の地盤の④**沈下**による危害を防止するための措置を講じなければならない。

3．労働安全衛生法（総括安全衛生管理者）第10条

　事業者は、政令で定める規模の事業場ごとに、厚生労働省令で定めるところにより、総括安全衛生管理者を選任し、その者に安全管理者、衛生管理者又は第25条の2第2項の規定により技術的事項を管理する者の指揮をさせるとともに、次の業務を統括管理させなければならない。

　一　労働者の⑤**危険**又は健康障害を防止するための措置に関すること。

　二　労働者の安全又は衛生のための教育の実施に関すること。

　三　健康診断の実施その他健康の保持増進のための措置に関すること。

　四　労働災害の原因の調査及び⑥**再発**防止対策に関すること。

　五　前各号に掲げるもののほか、労働災害を防止するため必要な業務で、厚生労働省令で定めるもの。

令和4年度

1級 建築施工管理技術検定

検定

第二次検定

問　題

問題 1　建設業を取り巻く環境の変化は著しく、労働生産性の向上や担い手の確保に対する取組は、建設現場において日々直面する課題となり、重要度が一層増している。

　　あなたが経験した**建築工事**のうち、要求された品質を確保したうえで行った**施工の合理化**の中から、労働生産性の向上に繋がる**現場作業の軽減**を図った工事を**1つ**選び、工事概要を具体的に記入したうえで、次の**1.**及び**2.**の問いに答えなさい。

　　なお、**建築工事**とは、建築基準法に定める建築物に係る工事とし、建築設備工事を除くものとする。

〔工事概要〕

イ. 工　事　名

ロ. 工　事　場　所

ハ. 工　事　の　内　容　　新築等の場合：建物用途、構造、階数、延べ面積又は施工数量、
　　　　　　　　　　　　　　　　　　　　　主な外部仕上げ、主要室の内部仕上げ
　　　　　　　　　　　　　　改修等の場合：建物用途、建物規模、主な改修内容及び施工数量

ニ. 工　　期　　等　　（工期又は工事に従事した期間を年号又は西暦で年月まで記入）

ホ. あなたの立場

ヘ. あなたの業務内容

1. 工事概要であげた工事において、あなたが実施した**現場作業の軽減**の事例を**3つ**あげ、次の①から③について具体的に記述しなさい。

　　ただし、**3つ**の事例の②及び③はそれぞれ異なる内容を記述するものとする。

　　①　**工種名等**

　　②　現場作業の軽減のために**実施した内容**と軽減が必要となった**具体的な理由**

　　③　②を実施した際に低下が**懸念された品質**と品質を確保するための**施工上の留意事項**

2. 工事概要であげた工事にかかわらず、あなたの今日までの建築工事の経験を踏まえて、建設現場での労働者の確保に関して、次の①及び②について具体的に記述しなさい。

　　ただし、労働者の給与や賃金に関する内容及び**1.**の②と同じ内容の記述は不可とする。

　　①　労働者の確保を困難にしている建設現場が直面している**課題や問題点**

　　②　①に効果があると考える建設現場での**取組や工夫**

問題１　【解答欄】

工事概要	工　事　名	
	工　事　場　所	
	工事の内容	
	工　　期	年　　月～　　　年　　　月　あなたの立場
	あなたの業務内容	

問題１	1.事例1	①工種名	
		②実施した内容 と 具体的な理由	
		③懸念された品質 と 施工上の留意事項	
	1.事例2	①工種名	
		②実施した内容 と 具体的な理由	
		③懸念された品質 と 施工上の留意事項	
	1.事例3	①工種名	
		②実施した内容 と 具体的な理由	
		③懸念された品質 と 施工上の留意事項	
	2.	①課題や問題点	
		②取組や工夫	

問題2 建築工事における次の1．から3．の災害について、施工計画に当たり事前に検討した事項として、災害の発生するおそれのある**状況又は作業内容**と災害を防止するための**対策**を、**それぞれ2つ**具体的に記述しなさい。

ただし、解答はそれぞれ異なる内容の記述とする。また、保護帽や要求性能墜落制止用器具の使用、朝礼時の注意喚起、点検や整備などの日常管理、安全衛生管理組織、新規入場者教育、資格や免許に関する記述は除くものとする。

1．墜落、転落による災害

2．崩壊、倒壊による災害

3．移動式クレーンによる災害

問題2 【解答欄】

問題2	1.	事項1	
		事項2	
	2.	事項1	
		事項2	
	3.	事項1	
		事項2	

問題3 市街地での事務所ビル新築工事において、同一フロアをA、Bの2工区に分けて施工を行うとき、右の内装工事工程表（3階）に関し、次の1. から4. の問いに答えなさい。

工程表は計画時点のもので、検査や設備関係の作業については省略している。

各作業日数と作業内容は工程表及び作業内容表に記載のとおりであり、Aで始まる作業名はA工区の作業を、Bで始まる作業名はB工区の作業を、Cで始まる作業名は両工区を同時に行う作業を示すが、作業A1、B1及び作業A6、B6については作業内容を記載していない。

各作業班は、それぞれ当該作業のみを行い、各作業内容共、A工区の作業が完了してからB工区の作業を行う。また、A工区における作業A2と作業C2以外は、工区内で複数の作業を同時に行わず、各作業は先行する作業が完了してから開始するものとする。

なお、各作業は一般的な手順に従って施工されるものとする。

〔工事概要〕

用　　　　途：事務所

構造・規模：鉄筋コンクリート造、地上6階、塔屋1階、延べ面積2,800㎡

仕　上　げ：床は、フリーアクセスフロア下地、タイルカーペット仕上げ

壁は、軽量鉄骨下地、せっこうボード張り、ビニルクロス仕上げ

天井は、システム天井下地、ロックウール化粧吸音板仕上げ

A工区の会議室に可動間仕切設置

1. 作業A1、B1及び作業A6、B6の**作業内容**を記述しなさい。

2. 始から終までの**総所要日数**を記入しなさい。

3. 作業A4の**フリーフロート**を記入しなさい。

4. 次の記述の [　　　] に当てはまる**作業名と数値**をそれぞれ記入しなさい。

建具枠納入予定日の前日に、A工区分の納入が遅れることが判明したため、B工区の建具枠取付けを先行し、その後の作業もB工区の作業が完了してからA工区の作業を行うこととした。

なお、変更後のB工区の建具枠取付けの所要日数は2日で、納入の遅れたA工区の建具枠は、B工区の壁せっこうボード張り完了までに取り付けられることが判った。

このとき、当初クリティカルパスではなかった作業 [あ] から作業A8までがクリティカルパスとなり、始から終までの総所要日数は [い] 日となる。

内装工事工程表（3階）

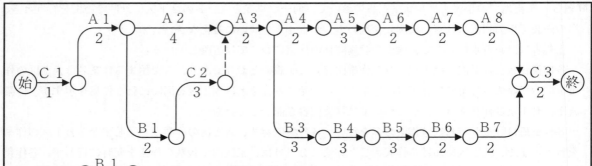

※　凡例　○—B 1/2→○ ：作業 B 1 の所要日数が２日であることを表している。

※　所要日数には、各作業に必要な仮設、資機材運搬を含む。

作業内容表（各作業に必要な仮設、資機材運搬を含む）

作業名	作業内容
C 1	墨出し
A 1、B 1	
A 2	可動間仕切レール取付け（下地共）
C 2	建具枠取付け
A 3、B 3	壁せっこうボード張り
A 4、B 4	システム天井組立て（ロックウール化粧吸音板仕上げを含む）
A 5、B 5	壁ビニルクロス張り
A 6、B 6	
A 7、B 7	タイルカーペット敷設、幅木張付け
A 8	可動間仕切壁取付け
C 3	建具扉吊込み

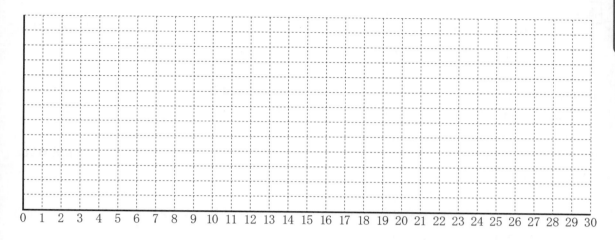

0 1 2 3 4 5 6 7 8 9 10 11 12 13 14 15 16 17 18 19 20 21 22 23 24 25 26 27 28 29 30

問題3　【解答欄】

問題3	1.	作業A1、B1の作業内容		3.	フリーフロート	
		作業A6、B6の作業内容		4.	あ	
	2.	総所要日数			い	

問題4 次の 1. から 4. の問いに答えなさい。

　　ただし、解答はそれぞれ異なる内容の記述とし、材料（仕様、品質、運搬、保管等）、作業環境（騒音、振動、気象条件等）、下地、養生及び作業員の安全に関する記述は除くものとする。

1. 屋根保護防水断熱工法における保護層の平場部の施工上の**留意事項**を2つ、具体的に記述しなさい。
　　なお、防水層はアスファルト密着工法とし、保護層の仕上げはコンクリート直均し仕上げとする。

2. 木製床下地にフローリングボード又は複合フローリングを釘留め工法で張るときの施工上の**留意事項**を2つ、具体的に記述しなさい。

3. 外壁コンクリート面を外装合成樹脂エマルション系薄付け仕上塗材（外装薄塗材E）仕上げとするときの施工上の**留意事項**を2つ、具体的に記述しなさい。

4. 鉄筋コンクリート造の外壁に鋼製建具を取り付けるときの施工上の**留意事項**を2つ、具体的に記述しなさい。

問題4 【解答欄】

問題4	1.	1	
		2	
	2.	1	
		2	
	3.	1	
		2	
	4.	1	
		2	

問題5 次の１．から８．の各記述において、□□□に当てはまる**最も適当な語句又は数値の組合せ**を、下の枠内から**１つ**選びなさい。

１．地盤の平板載荷試験は、地盤の変形及び支持力特性を調べるための試験である。

　試験は、直径　a　cm以上の円形の鋼板にジャッキにより垂直荷重を与え、載荷圧力、載荷時間、　b　を測定する。

　また、試験結果により求められる支持力特性は、載荷板直径の1.5～　c　倍程度の深さの地盤が対象となる。

	a	b	c
①	30	載荷係数	2.0
②	30	沈下量	2.0
③	20	載荷係数	3.0
④	20	沈下量	3.0
⑤	30	沈下量	3.0

２．根切りにおいて、床付け面を乱さないため、機械式掘削では、通常床付け面上30～50cmの土を残して、残りを手掘りとするか、ショベルの刃を　a　のものに替えて掘削する。

　床付け面を乱してしまった場合は、礫や砂質土であれば　b　で締め固め、粘性土の場合は、良質土に置換するか、セメントや石灰等による地盤改良を行う。

　また、杭間地盤の掘り過ぎや掻き乱しは、杭の　c　抵抗力に悪影響を与えるので行ってはならない。

	a	b	c
①	平　状	水締め	水　平
②	爪　状	水締め	鉛　直
③	平　状	転　圧	水　平
④	爪　状	転　圧	水　平
⑤	平　状	転　圧	鉛　直

49

3．場所打ちコンクリート杭地業のオールケーシング工法において、地表面下 [a] m程度までのケーシングチューブの初期の圧入精度によって以後の掘削の鉛直精度が決定される。

掘削は [b] を用いて行い、一次スライム処理は、孔内水が多い場合には、[c] を用いて処理し、コンクリート打込み直前までに沈殿物が多い場合には、二次スライム処理を行う。

	a	b	c
①	10	ハンマーグラブ	沈殿バケット
②	5	ハンマーグラブ	沈殿バケット
③	5	ドリリングバケット	底ざらいバケット
④	10	ドリリングバケット	沈殿バケット
⑤	5	ハンマーグラブ	底ざらいバケット

4．鉄筋のガス圧接を手動で行う場合、突き合わせた鉄筋の圧接面間の隙間は [a] mm以下で、偏心、曲がりのないことを確認し、還元炎で圧接端面間の隙間が完全に閉じるまで加圧しながら加熱する。

圧接端面間の隙間が完全に閉じた後、鉄筋の軸方向に適切な圧力を加えながら、[b] により鉄筋の表面と中心部の温度差がなくなるように十分加熱する。

このときの加熱範囲は、圧接面を中心に鉄筋径の [c] 倍程度とする。

	a	b	c
①	2	酸化炎	3
②	2	酸化炎	2
③	2	中性炎	2
④	5	中性炎	2
⑤	5	酸化炎	3

5．型枠に作用するコンクリートの側圧に影響する要因として、コンクリートの打込み速さ、比重、打込み高さ及び柱、壁などの部位の影響等があり、打込み速さが速ければコンクリートヘッドが $\boxed{a}$ なって、最大側圧が大となる。

また、せき板材質の透水性又は漏水性が $\boxed{b}$ と最大側圧は小となり、打ち込んだコンクリートと型枠表面との摩擦係数が $\boxed{c}$ ほど、液体圧に近くなり最大側圧は大となる。

	a	b	c
①	大きく	大きい	大きい
②	小さく	小さい	大きい
③	大きく	小さい	大きい
④	小さく	大きい	小さい
⑤	大きく	大きい	小さい

6．型枠組立てに当たって、締付け時に丸セパレーターのせき板に対する傾きが大きくなると丸セパレーターの $\boxed{a}$ 強度が大幅に低下するので、できるだけ垂直に近くなるように取り付ける。

締付け金物は、締付け不足でも締付け過ぎでも不具合が生じるので、適正に使用することが重要である。締付け金物を締め過ぎると、せき板が $\boxed{b}$ に変形する。

締付け金物の締付け過ぎへの対策として、内端太（縦端太）を締付けボルトとできるだけ $\boxed{c}$ 等の方法がある。

	a	b	c
①	破断	内側	近接させる
②	圧縮	外側	近接させる
③	破断	外側	近接させる
④	破断	内側	離す
⑤	圧縮	外側	離す

7. コンクリート工事において、暑中コンクリートでは、レディーミクストコンクリートの荷卸し時のコンクリート温度は、原則として a ℃以下とし、コンクリートの練混ぜから打込み終了までの時間は、 b 分以内とする。

打込み後の養生は、特に水分の急激な発散及び日射による温度上昇を防ぐよう、コンクリート表面への散水により常に湿潤に保つ。

湿潤養生の開始時期は、コンクリート上面ではブリーディング水が消失した時点、せき板に接する面では脱型 c とする。

	a	b	c
①	30	90	直　後
②	35	120	直　前
③	35	90	直　後
④	30	90	直　前
⑤	30	120	直　後

8. 鉄骨工事におけるスタッド溶接後の仕上がり高さ及び傾きの検査は、 a 本又は主要部材1本若しくは1台に溶接した本数のいずれか少ないほうを1ロットとし、1ロットにつき1本行う。

検査する1本をサンプリングする場合、1ロットの中から全体より長いかあるいは短そうなもの、又は傾きの大きそうなものを選択する。

なお、スタッドが傾いている場合の仕上がり高さは、軸の中心でその軸長を測定する。

検査の合否の判定は限界許容差により、スタッド溶接後の仕上がり高さは指定された寸法の± b mm以内、かつ、スタッド溶接後の傾きは c 度以内を適合とし、検査したスタッドが適合の場合は、そのロットを合格とする。

	a	b	c
①	150	2	5
②	150	3	15
③	100	2	15
④	100	2	5
⑤	100	3	5

問題5 【解答欄】

問題5	1.		5.	
	2.		6.	
	3.		7.	
	4.		8.	

問題6 次の1．から3．の各法文において、□□□□に当てはまる**正しい語句又は数値**を、下の該当する枠内から**1つ**選びなさい。

1．建設業法 （特定建設業者の下請代金の支払期日等）

第24条の6 特定建設業者が ① となった下請契約（下請契約における請負人が特定建設業者又は資本金額が政令で定める金額以上の法人であるものを除く。以下この条において同じ。）における下請代金の支払期日は、第24条の4第2項の申出の日（同項ただし書の場合にあっては、その一定の日。以下この条において同じ。）から起算して ② 日を経過する日以前において、かつ、できる限り短い期間内において定められなければならない。

2 （略）

3 （略）

4 （略）

| ① | ① 注文者 | ② 発注者 | ③ 依頼者 | ④ 事業者 | ⑤ 受注者 |

| ② | ① 20 | ② 30 | ③ 40 | ④ 50 | ⑤ 60 |

2．建築基準法施行令 （落下物に対する防護）

第136条の5 （略）

2 建築工事等を行なう場合において、建築のための工事をする部分が工事現場の境界線から水平距離が ③ m以内で、かつ、地盤面から高さが ④ m以上にあるとき、その他はつり、除却、外壁の修繕等に伴う落下物によって工事現場の周辺に危害を生ずるおそれがあるときは、国土交通大臣の定める基準に従って、工事現場の周囲その他危害防止上必要な部分を鉄網又は帆布でおおう等落下物による危害を防止するための措置を講じなければならない。

| ③ | ① 3 | ② 4 | ③ 5 | ④ 6 | ⑤ 7 |

| ④ | ① 3 | ② 4 | ③ 5 | ④ 6 | ⑤ 7 |

3．労働安全衛生法（元方事業者の講ずべき措置等）

第29条の2　建設業に属する事業の元方事業者は、土砂等が崩壊するおそれのある場所、機械等が転倒するおそれのある場所その他の厚生労働省令で定める場所において関係請負人の労働者が当該事業の仕事の作業を行うときは、当該関係請負人が講ずべき当該場所に係る　⑤　を防止するための措置が適正に講ぜられるように、　⑥　上の指導その他の必要な措置を講じなければならない。

| ⑤ | ① 破損 | ② 損壊 | ③ 危険 | ④ 労働災害 | ⑤ 事故 |

| ⑥ | ① 教育 | ② 技術 | ③ 施工 | ④ 作業 | ⑤ 安全 |

問題6　【解答欄】

問題6	1.	①		②	
	2.	③		④	
	3.	⑤		⑥	

54

令和4年度

1級 建築施工管理技術検定

第二次検定

解答例・解説

工事概要	工　事　名		船橋マンション新築工事
	工　事　場　所		千葉県船橋市本町○丁目○番○号
	工事の内容		共同住宅、鉄筋コンクリート造、地上8階、延べ面積：1,895㎡、
			外壁：小口タイル張、屋上：アスファルト露出防水
			床：フローリング張、壁・天井：PB下地ビニルクロス張り
	工　　　期		2020 年 4 月～2021 年 3 月　あなたの立場　工事主任
	あなたの業務内容		現場管理全般
問題1	1.事例1	①工種名	土工事
		②実施した内容と具体的な理由	建物裏の埋戻土がダンプトラック等では困難で手作業の場内運搬が発生する為、根切土を埋戻し場所の近くに仮置きして小型ユンボで埋戻しを実施した。
		③懸念された品質と施工上の留意事項	根切土を埋戻土に使用するため、腐葉土等の締め固めに適さない部分が入らないように良質土のみを残すよう留意して、締め固めを実施した。
	1.事例2	①工種名	型枠工事
		②実施した内容と具体的な理由	ドレインの打込みと排水溝部の型枠加工・組立ては熟練工が必要で施工日数がかかる為、ドレイン廻りの鋼製型枠のユニットを作成して使用した。
		③懸念された品質と施工上の留意事項	打設時のドレインの浮きとレベル確保が懸念されたが、鋼製型枠で固定とレベル調整が可能なユニットを作成して精度確保に留意し、組立てを行った。
	1.事例3	①工種名	木工事
		②実施した内容と具体的な理由	造作大工の人員確保が困難で、加工場も現場内で取れない為、木製造作材を工場にてプレカットして作業開始の各住戸まで搬入して造作工事を実施した。
		③懸念された品質と施工上の留意事項	プレカットされた寸法が躯体と合わない事が懸念される為、部屋ごとに原寸調書を作成し、部位毎にまとめて搬入・施工場所まで納入できるよう留意した。
	2.	①課題や問題点	型枠大工等の作業員の高齢化で作業効率が低減して、工期確保のため、人員が予定以上必要になる。
		②取組や工夫	場内運搬や片付け等は軽作業員を配置して実施させて、専門技能者の作業効率を上げる。

問題1 【解答例－2】S新築

<table>
<tr><td rowspan="7">工事概要</td><td colspan="2">工 事 名</td><td colspan="2">ＳＳビル新築工事</td></tr>
<tr><td colspan="2">工 事 場 所</td><td colspan="2">東京都荒川区町屋○丁目○番○号</td></tr>
<tr><td colspan="2" rowspan="3">工事の内容</td><td colspan="2">事務所、鉄骨造、地下１階、地上８階、延べ面積：1,800㎡、</td></tr>
<tr><td colspan="2">外壁：アルミカーテンウォール、ＡＬＣ版＋ＶＥ塗装、</td></tr>
<tr><td colspan="2">床：タイルカーペット、壁：ＰＢ下地ＡＰ塗装、天井：岩綿吸音板</td></tr>
<tr><td colspan="2">工 期</td><td>2020 年 12 月～ 2021 年 10 月</td><td>あなたの立場　工事主任</td></tr>
<tr><td colspan="2">あなたの業務内容</td><td colspan="2">工事管理全般</td></tr>
<tr><td rowspan="20">問題1</td><td rowspan="3">1.
事例
1</td><td>①工種名</td><td colspan="2">土工事</td></tr>
<tr><td>②実施した内容
と
具体的な理由</td><td colspan="2">地下水位が高く地下工事を工期内に進める為に止水山留（ＳＭＷ工法）を利用し、捨て型枠＋外防水層＋増し打以外の予堀の無い掘削を実施した。</td></tr>
<tr><td>③懸念された品質
と
施工上の留意事項</td><td colspan="2">ＳＭＷの精度による地下躯体の変形が懸念されるため、ＳＭＷの精度を±50㎜以下とするように山留め施工時点より位置や倒れの管理を実施した。</td></tr>
<tr><td rowspan="3">1.
事例
2</td><td>①工種名</td><td colspan="2">鉄骨工事</td></tr>
<tr><td>②実施した内容
と
具体的な理由</td><td colspan="2">建方時の高所作業を軽減するため、鉄骨部材のねじれや曲がりが生じないように留意し、地組して品質確保と高所での建方ピースを減らした。</td></tr>
<tr><td>③懸念された品質
と
施工上の留意事項</td><td colspan="2">鉄骨部材の小ブロックでの吊上げ時の変形が懸念されるので、ジグを使用しての揚重を実施、釣り上げ回数をへらして、危険作業の軽減が出来た。</td></tr>
<tr><td rowspan="3">1.
事例
3</td><td>①工種名</td><td colspan="2">塗装工事</td></tr>
<tr><td>②実施した内容
と
具体的な理由</td><td colspan="2">足場が単管抱き足場しか組めず、ＡＬＣへの塗装作業が難しい為、現場作業の軽減として工場にて塗装を行い現場で建込み作業を行った。</td></tr>
<tr><td>③懸念された品質
と
施工上の留意事項</td><td colspan="2">工場塗装のため運搬・取付け時の傷や汚れが懸念される。運搬・取付け作業時の方法に留意して、専用吊り具を使用して、各階の室内側より取付けた。</td></tr>
<tr><td rowspan="2">2.</td><td>①課題や問題点</td><td colspan="2">造作大工等は技能者不足で作業遅延が多く、納まりが複雑な物は作業効率が下がる。</td></tr>
<tr><td>②取組や工夫</td><td colspan="2">計画段階で工場製作が可能な部分は工場製作し、現場では組立て、取付けとした。</td></tr>
</table>

問題1 【解答例－3】改修

<table>
<tr><td rowspan="7">工事概要</td><td>工　事　名</td><td colspan="2">久我山独身寮改修工事</td></tr>
<tr><td>工　事　場　所</td><td colspan="2">東京都杉並区久我山○丁目○番地</td></tr>
<tr><td rowspan="3">工事の内容</td><td colspan="2">独身寮、ＲＣ造3階、床面積：1,650㎡</td></tr>
<tr><td colspan="2">外壁：塗替え、屋上アスファルト防水改修、</td></tr>
<tr><td colspan="2">床：木目塩ビシート貼替、壁・天井：ＰＢ下地ビニルクロス張替</td></tr>
<tr><td>工　　　期</td><td colspan="2">2021 年 7 月～2021 年 11 月 ｜ あなたの立場 ｜ 工事主任</td></tr>
<tr><td>あなたの業務内容</td><td colspan="2">工事管理全般</td></tr>
</table>

問題1			
	1.事例1	①工種名	木工事
		②実施した内容と具体的な理由	造付け家具の現場作業軽減の為、寮室の扉から入る寸法以内にユニット化して、工場製作で仕上まで完了させて設置、固定する作業だけとした。
		③懸念された品質と施工上の留意事項	設置後の隙間が懸念されるため、設置する壁の倒れ、床のレベルに留意して調整用のフィラーで収まるような精度調整・確認を実施した。
	1.事例2	①工種名	内装工事
		②実施した内容と具体的な理由	床フローリング張替えで既存床の撤去と下地調整の現場作業を低減する為、床不良部分のみ下地調整し、既存のフローリング上から木目塩ビシート張りとした。
		③懸念された品質と施工上の留意事項	質感や床の精度が懸念されたが、既存床精度に留意して下地調整した為、仕上げ精度は確保され、木目の質感も良く、耐候性がよくなった。
	1.事例3	①工種名	鋼製建具工事
		②実施した内容と具体的な理由	各居室内への入口で現場作業が他の工程を圧迫する為、室内の製作鋼製建具を既製品パーテーション建具に変更して塗装作業、取付け作業を低減させた。
		③懸念された品質と施工上の留意事項	既存ＬＧＳ壁との接合、遮音性が懸念されたが、上部パネルへのロックウール充填、扉の遮音性能に留意し、製作鋼製建具と同等以上の品質確保が出来た。
	2.	①課題や問題点	内装工事で天井作業など高所の場合、効率が下がる為、予定以上に作業員の確保が必要になった。
		②取組や工夫	天井ＬＧＳ下地等の他工事があった為、広範囲作業が可能な作業構台を設置し、作業効率を上げた。

◢ 解　説 ◢

　建設業が直面する環境（人手不足や高年齢化など）の変化に対して、「労働生産の向上」や「担い手の確保」に対する取組みは建設現場にとって重要である。

　要求品質を確保した上での**施工の合理化**は労働生産の向上（**現場作業の軽減**）に直結する。

1．あなたが工事概要で上げた工事で**現場作業の軽減**の事例を3つあげて具体的に記述する。

　　現場作業の軽減が必要になった**具体的な理由**と**実施した内容**を記述する。それを実施した時に**懸念される品質**低下と低下させないための**施工上の留意事項**を記述する。

　　① **工種名**（杭工事、土工事、コンクリート工事、防水工事、内装工事・・・他）

　　② **実施した内容**※施工の合理化の内容（事例1：根切土を埋戻し場所の近くに仮置きする、事例2：ドレイン廻りの鋼製型枠のユニットを作成、事例3：造作材を工場にてプレカットして作業開始の各住戸まで搬入・・・他）、軽減が必要になった**具体的な理由**（事例1：手作業の場内運搬が必要なため、事例2：ドレインの打込みと排水溝部の型枠加工・組立ては熟練工が必要、事例3：造作大工の人員確保が困難で、加工場も現場内で取れない為・・・他）

　　③ 低下が**懸念された品質**（事例1：腐葉土等の締め固めに適さない部分、事例2：打設時のドレインの浮きとレベル確保が懸念された、事例3：プレカットされた寸法が躯体と合わない事が懸念・・・他）品質確保のための**施工上の留意事項**（事例1：良質土のみを残すよう留意、事例2：固定とレベル調整が可能なユニットを作成して精度確保に留意、事例3：部屋ごとに原寸調書を作成し、部位毎にまとめて搬入・施工場所まで納入・・・他）

2．解答は工事概要で記述した以外の工事の記述でも良い。建設現場での労働者の確保に関して、確保を困難にしている**課題や問題点**を記述する。その課題や問題点に効果的であると考える建設現場での**取組や工夫**を記述する。

　　① 労働者確保を困難にしている**課題や問題点**（事例1：型枠大工等の作業員の高齢化で作業効率が低減して、工期確保のため、人員が予定以上必要、例2：内装工事で天井作業など高所の場合、効率が下がる為、予定以上に必要、・・・他）

　　② 課題や問題点に効果がある**取組や工夫**（事例1：場内運搬や片付け等は軽作業員を配置して実施させて、専門技能者の効率を上げる、例2：広範囲作業が可能な作業構台を設置して作業効率を上げる・・・他）

問題2	1.	事項1	高さ2m以上での作業は足場等に作業床を設ける作業床の幅は40cm以上、床材の隙間は2cm以下とし端は手摺り2段、巾木を設置した。
		事項2	高さ1.5mを超える箇所への昇降があるため、幅40cm以上のステップ、並びに手摺り2段とした専用の昇降設備を設置した。
	2.	事項1	地山掘削の崩壊防止のため、ボーリング調査・土質試験結果から地下水位が浅く、山留めを止水壁として切梁・腹起しなどの支保工を架設した。
		事項2	コンクリート打込み時の型枠支保工の倒壊防止のため、水平荷重を考慮して一度に打ち上げる高さを小さく押えるため、回し打ちとした。
	3.	事項1	吊上げ時の風等による吊り荷の振れによる災害防止のため、作業半径が大きくなる事を配慮して、敷地境界や隣接建物等との離隔距離を大きくした。
		事項2	軟弱地盤なため、移動式クレーンの移動経路と作業位置を地盤改良した上に敷鉄板を設置して、その上以外での作業と移動を禁止した。

解　説

建築工事における災害（1.墜落、転落による災害、2.崩壊、倒壊による災害、3.移動式クレーンによる災害）を防止するために施工計画を行うが、災害発生する恐れのある**状況又は作業内容**及び災害防**止対策**を2つ具体的に記述する。ただし、解答は異なる内容として、保護帽や要求性能墜落制止用器具の使用、朝礼時の注意喚起、点検や整備などの日常管理、安全衛生管理組織、新規入場者教育、資格や免許に関する事項は除く。

1．墜落、転落による災害

建設業で死傷災害の一番多い災害であり、作業場所の高さや状況・作業内容によって対策も変化する。

① 高さ2m以上での作業は足場等に作業床を設ける作業床の幅は40cm以上、床材の隙間は2cm以下とし端は手摺り2段、巾木を設置

② 高さ1.5mを超える箇所への昇降があるため、幅40cm以上のステップ、並びに手摺り2段とした専用の昇降設備を設置

③ 高さ2m以下の作業でも作業床の幅は40cm以上とし、作業床の端は手摺り、開口部には囲い手摺りと立入り禁止の標識を設置

④ 枠組足場の組立て作業において、上段の組立て中は手摺がないために墜落する危険性が高いので、手すり枠による手すり先行工法を採用

2. 崩壊、倒壊による災害

　崩壊・倒壊災害は作業所内だけでなく周囲の道路や構造物まで被害が及び重大災害（人的・物的被害）となるので十分な対策が必要である。

① 地山掘削の崩壊防止のため、ボーリング調査・土質試験結果から地下水位が浅く、山留めを止水壁として切梁・腹起しなどの支保工を架設した

② コンクリート打込み時の型枠支保工の倒壊防止のため、水平荷重を考慮して一度に打ち上げる高さを小さく押えるため、回し打ちとした

③ 外部足場の倒壊防止のため、強風時に対応した足場繋ぎを設置し、脚部は不同沈下や滑動しないよう足場板にベースを釘打ち固定し、根がらみを設置した

④ 鉄骨の建方作業において、建方中の鉄骨倒壊防止のため、柱鉄骨に取付けた建入れ直しのワイヤロープを倒壊防止用のワイヤロープと兼用した

3. 移動式クレーンによる災害

　移動式クレーンは作業範囲の重なる部分、作業範囲と動線の重なる部分、本体の転倒などで起こり重大災害となる恐れが有るので十分な対策が必要となる。

① 吊上げ時の風等による吊りに荷の振れによる災害防止のため、作業半径が大きくなる事を配慮して、敷地境界や隣接建物等との離隔距離を大きくした

② 軟弱地盤なため、移動式クレーンの移動経路と作業位置を地盤改良した上に敷鉄板を設置して、その上以外での作業と移動を禁止した

③ ブームの作業範囲内では積荷の落下接触等の災害防止のため、作業範囲内への立入り禁止措置、輻輳作業の禁止措置と監視員の配置を行った

④ 送電線付近での作業において、移動式クレーンのブームとの接触による感電事故防止のため、監視員を配置し、送電線との離隔距離を保つようにした

問題3	1.	作業A1、B1の作業内容	壁軽量鉄骨下地	3.	フリーフロート	0日
		作業A6、B6の作業内容	フリーアクセスフロア下地	4.	あ	A5
	2.	総所要日数	25日		い	27日

解　説

条件　①同一フロアをA工区とB工区に分けて施工

②検査や設備関係の作業は省略

③各作業班は該当工事のみ実施

④各作業内容共、A工区作業完了後、B工区作業を開始

⑤A工区の作業A2と作業C2以外は工区内で複数の作業を同時に行わない

　※各作業は先行する作業が完了してから開始

⑥各作業は一般的な手順で施工

1．作業A1、B1の作業は「墨出し」後で「可動間仕切レール取付け（下地共）」前に終わる作業のため「**壁軽量鉄骨下地**」作業となる。

作業A6、B6の作業は「壁ビニールクロス張り」後で「タイルカーペット敷設、幅木張付け」前に終わる作業のため「**フリーアクセスフロア下地**」作業となる。

2．総所要日数（クリティカルパス）は下記の通り**25日**

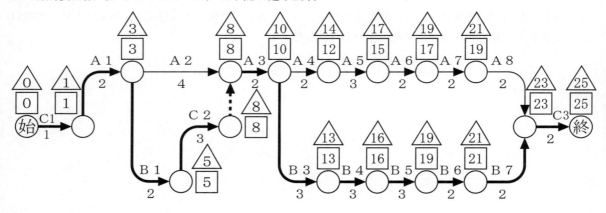

△　最遅終了時刻（LFT）

□　最早開始時刻（EST）

➡　クリティカルパス

3．作業Ａ４のフリーフロート（自由余裕時間）は下記の通り**０日**

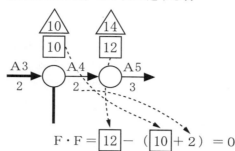

$$F \cdot F = \boxed{12} - (\boxed{10} + 2) = 0$$

4．建具枠納入予定日の前日に、Ａ工区分の納入が遅れることが判明したため、Ｂ工区の建具枠取付けを先行し、その後の作業もＢ工区の作業が完了してからＡ工区の作業を行うこととした。

　　なお、変更後のＢ工区の建具枠取付けの所要日数は２日で、納入の遅れたＡ工区の建具枠は、Ｂ工区の壁せっこうボード張り完了までに取り付けられることが判った。

　　このとき、当初クリティカルパスではなかった作業　あ：A5　から作業Ａ８までがクリティカルパスとなり、㊁から㊫までの総所要日数は　い：27　日となる。

　　条件より工程を修正すると下記となる。

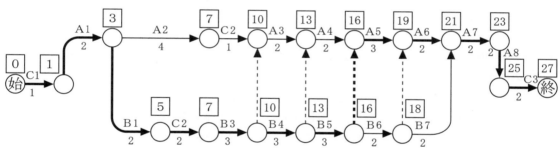

△　最遅終了時刻（ＬＦＴ）

□　最早開始時刻（ＥＳＴ）

➡　クリティカルパス

【解答例】

問題4	1.	1	保護コンクリート厚さはこて仕上で80㎜以上となるよう留意する。
		2	溶接金網の敷込み重ね幅は1節半以上、かつ150㎜以上となるよう留意する。
	2.	1	板が損傷ないよう留意して仮敷後、雄ざねの付け根から隠し釘留めとする。
		2	幅木下及び敷居の板そばには、板の伸縮を考慮して、隙間を設ける。
	3.	1	下塗りは、だれ、塗残しのないように留意し、均一に塗り付けとする。
		2	作業場所の気温が5℃以下、湿度が85%以上は作業中止に留意する。
	4.	1	取付用アンカーは腐食に留意し、亜鉛めっき処理または防錆塗装を行う。
		2	枠とコンクリートとの隙間からの漏水に留意し、防水剤入りモルタルを充填。

■ 解 説

　各項目における施工上の留意事項を記述するが材料（仕様、品質、運搬、保管等）、作業環境（騒音、振動、気象条件等）、下地、養生及び作業員の安全に関することは記述しない。

1．屋根保護防水断熱工法における保護層の平場部の施工上の留意事項は以下のようなものがある。（防水層はアスファルト密着工法とし、保護層の仕上げはコンクリート直均し仕上げとする）
　①　保護コンクリート厚は、こて仕上で80㎜以上となるよう留意
　②　溶接金網の敷込み重ね幅は1節半以上、かつ、150㎜以上となるよう留意
　③　伸縮目地に留意し、立上り部から600㎜程度、中間部は縦横間隔3m程度とした

2．木製床下地にフローリングボード又は複合フローリングを釘留め工法で張るときの施工上の留意事項は以下のようなものがある。
　①　板が損傷ないよう留意して仮敷後、雄ざねの付け根から隠し釘留め
　②　幅木下及び敷居の板そばには、板の伸縮を考慮して、隙間を設ける
　③　隣接する板の短辺の継手が揃わないように留意して継手を根太上に設けた

3．外壁コンクリート面を外装合成樹脂エマルション系薄付け仕上塗材（外装薄塗材E）仕上げとするときの留意事項は以下のようなものがある。
　①　下塗りは、だれ、塗残しのないように留意し、均一に塗り付ける
　②　作業場所の気温が5℃以下、湿度が85%以上は作業中止に留意
　③　ローラー塗りは見本と同様になるよう留意し、所定のローラーで塗り付ける

4．鉄筋コンクリート造の外壁に鋼製建具を取り付けるときの施工上の留意事項は以下のようなものがある。
　①　取付用アンカーは腐食に留意し、亜鉛めっき処理または防錆塗装を行う
　②　枠とコンクリートとの隙間からの漏水に留意し、防水剤入りモルタルを充填
　③　躯体アンカーは強度に留意し、開口隅より250㎜内外、中間600㎜間隔とした

問題５【解答例】

問題5	1.	②	5.	⑤
	2.	③	6.	①
	3.	①	7.	③
	4.	③	8.	④

■ 解 説

1．地盤の平板載荷試験は、地盤の変形及び支持力特性を調べるための試験である。

　　試験は、直径 a：30 cm以上の円形の鋼板にジャッキにより垂直荷重を与え、載荷圧力、載荷時間、 b：沈下量 を測定する。

　　また、試験結果により求められる支持力特性は、載荷板直径の1.5～ c：2.0 倍程度の深さの地盤が対象となる。

2．根切りにおいて、床付け面を乱さないため、機械式掘削では、通常床付け面上30～50cmの土を残して、残りを手掘りとするか、ショベルの刃を a：平状 のものに替えて掘削する。

　　床付け面を乱してしまった場合は、礫や砂質土であれば、 b：転圧 で締め固め、粘性土の場合は、良質土に置換するか、セメントや石灰等による地盤改良を行う。

　　また、杭間地盤の掘り過ぎや掻き乱しは、杭の c：水平 抵抗力に悪影響を与えるので行ってはならない。

3．場所打ちコンクリート杭地業のオールケーシング工法において、地表面下 a：10 m程度までのケーシングチューブの初期の圧入精度によって以後の掘削の鉛直精度が決定される。

　　掘削は b：ハンマーグラブ を用いて行い、一次スライム処理は、孔内水が多い場合には、 c：沈殿バケット を用いて処理し、コンクリート打込み直前までに沈殿物が多い場合には、二次スライム処理を行う。

4．鉄筋のガス圧接を手動で行う場合、突き合わせた鉄筋の圧接端面間の隙間は a：2 mm以下で、偏心、曲がりのないことを確認し、還元炎で圧接端面間の隙間が完全に閉じるまで加圧しながら加熱する。

　　圧接端面間の隙間が完全に閉じた後、鉄筋の軸方向に適切な圧力を加えながら、 b：中性炎 により鉄筋の表面と中心部の温度差がなくなるように十分加熱する。

　　このときの加熱範囲は、圧接面を中心に鉄筋径の c：2 倍程度とする。

5．型枠に作用するコンクリートの側圧に影響する要因として、コンクリートの打込み速さ、比重、打込み高さ及び柱、壁などの部位の影響等があり、打込み速さが速ければコンクリートヘッドが a：大きく なって、最大側圧が大となる。

　また、せき板材質の透水性又は漏水性が b：大きい と最大側圧は小となり、打ち込んだコンクリートと型枠表面との摩擦係数が c：小さい ほど、液体圧に近くなり最大側圧は大となる。

6．型枠組立てに当たって、締付け時に丸セパレーターのせき板に対する傾きが大きくなると丸セパレーターの a：破断 強度が大幅に低下するので、できるだけ垂直に近くなるように取り付ける。

　締付け金物は、締付け不足でも締付け過ぎでも不具合が生じるので、適正に使用することが重要である。締付け金物を締め過ぎると、せき板が b：内側 に変形する。

　締付け金物の締付け過ぎへの対策として、内端太（縦端太）を締付けボルトとできるだけ c：近接させる 等の方法がある。

7．コンクリート工事において、暑中コンクリートでは、レディーミクストコンクリートの荷卸し時のコンクリート温度は、原則として a：35 ℃以下とし、コンクリートの練混ぜから打込み終了までの時間は、 b：90 分以内とする。

　打込み後の養生は、特に水分の急激な発散及び日射による温度上昇を防ぐよう、コンクリート表面への散水により常に湿潤に保つ。

　湿潤養生の開始時期は、コンクリート上面ではブリーディング水が消失した時点、せき板に接する面では脱型 c：直後 とする。

8．鉄骨工事におけるスタッド溶接後の仕上がり高さ及び傾きの検査は、 a：100 本又は主要部材1本若しくは1台に溶接した本数のいずれか少ないほうを1ロットとし、1ロットにつき1本行う。

　検査する1本をサンプリングする場合、1ロットの中から全体より長いかあるいは短そうなもの、又は傾きの大きそうなものを選択する。

　なお、スタッドが傾いている場合の仕上がり高さは、軸の中心でその軸長を測定する。

　検査の合否の判定は限界許容差により、スタッド溶接後の仕上がり高さは指定された寸法の± b：2 mm以内、かつ、スタッド溶接後の傾きは c：5 度以内を適合とし、検査したスタッドが適合の場合は、そのロットを合格とする。

問題6	【解答例】

問題6	1.	①	①		②	④
	2.	③	③		④	⑤
	3.	⑤	③		⑥	②

解　説

各条文は以下のとおり。

1．建設業法（特定建設業者の下請代金の支払期日等）

第24条の6　特定建設業者が①**注文者**となった下請契約（下請契約における請負人が特定建設業者又は資本金額が政令で定める金額以上の法人であるものを除く。以下この条において同じ。）における下請代金の支払期日は、第24条の4第2項の申出の日（同項ただし書の場合にあっては、その一定の日。以下この条において同じ。）から起算して②**50日**を経過する日以前において、かつ、できる限り短い期間内において定められなければならない。

2　（略）

3　（略）

4　（略）

2．建築基準法施行令（落下物に対する防護）

第136条の5　（略）

2　建築工事等を行なう場合において、建築のための工事をする部分が工事現場の境界線から水平距離が③**5m**以内で、かつ、地盤面から高さが④**7m**以上にあるとき、その他はつり、除却、外壁の修繕等に伴う落下物によって工事現場の周辺に危害を生ずるおそれがあるときは、国土交通大臣の定める基準に従って、工事現場の周囲その他危害防止上必要な部分を鉄網又は帆布でおおう等落下物による危害を防止するための措置を講じなければならない。

3．労働安全衛生法（元方事業者の講ずべき措置等）

第29条の2　建設業に属する事業の元方事業者は、土砂等が崩壊するおそれのある場所、機械等が転倒するおそれのある場所その他の厚生労働省令で定める場所において関係請負人の労働者が当該事業の仕事の作業を行うときは、当該関係請負人が講ずべき当該場所に係る⑤**危険**を防止するための措置が適正に講ぜられるように、⑥**技術**上の指導その他の必要な措置を講じなければならない。

令和3年度

1級 建築施工管理技術検定

第二次検定

問　題

問題 1 建築工事における品質確保は、建築物の長寿命化を実現するために重要である。このため、施工者は、発注者のニーズ及び設計図書等を把握し、決められた工期やコスト等の条件の下で適切に品質管理を行うことが求められる。

あなたが経験した**建築工事**のうち、発注者及び設計図書等により要求された品質を確保するため、重点的に**品質管理**を行った工事を1つ選び、工事概要を具体的に記述したうえで、次の1．及び2．の問いに答えなさい。

なお、**建築工事**とは、建築基準法に定める建築物に係る工事とし、建築設備工事を除くものとする。

〔工事概要〕
イ．工　　事　　名
ロ．工　事　場　所
ハ．工　事　の　内　容　　新築等の場合：建物用途、構造、階数、延べ面積又は施工数量、
　　　　　　　　　　　　　　　　　　　　　主な外部仕上げ、主要室の内部仕上げ
　　　　　　　　　　　　　改修等の場合：建物用途、建物規模、主な改修内容及び施工数量
ニ．工　　期　　等　（工期又は工事に従事した期間を年号又は西暦で年月まで記入）
ホ．あ な た の 立 場
ヘ．あなたの業務内容

1．工事概要であげた工事で、あなたが現場で重点をおいて実施した**品質管理**の事例を**2つ**あげ、次の①から④について具体的に記述しなさい。

ただし、**2つ**の事例の②から④は、それぞれ異なる内容を記述するものとする。

① **工種名**
② 施工に当たっての**品質の目標**及びそれを達成するために定めた**重点品質管理項目**
③ ②の重点品質管理項目を**定めた理由**及び発生を予測した**欠陥又は不具合**
④ ②の重点品質管理項目について、**実施した内容**及びその**確認方法又は検査方法**

2．工事概要にあげた工事にかかわらず、あなたの今日までの工事経験を踏まえて、現場で行う**組織的な品質管理活動**について、次の①、②を具体的に記述しなさい。

ただし、1．④と同じ内容の記述は不可とする。

① 品質管理活動の**内容**及びそれを協力会社等に伝達する**手段又は方法**
② 品質管理活動によってもたらされる**良い影響**

問題1 【解答欄】

工事概要	工　事　名		
	工　事　場　所		
	工　事　の　内　容		
	工　　　期	年　　　月〜　　　年　　　月	あなたの立場
	業　務　内　容		

問題1	1.事例1	①工種名	
		②品質の目標　重点品質管理項目	
		③定めた理由　欠陥又は不具合	
		④実施した内容　確認方法又は検査方法	
	1.事例2	①工種名	
		②品質の目標　重点品質管理項目	
		③定めた理由　欠陥又は不具合	
		④実施した内容　確認方法又は検査方法	
	2.事例1	①品質管理活動の内容　手段又は方法	
		②良い影響	

次の1．から3．の建築工事における仮設物の設置を計画するに当たり、**留意及び検討すべき事項**を**2つ**具体的に記述しなさい。

　　ただし、解答はそれぞれ異なる内容の記述とし、申請手続、届出及び運用管理に関する記述は除くものとする。また、使用資機材に不良品はないものとする。

1．仮設ゴンドラ

2．場内仮設事務所

3．工事ゲート（車両出入口）

問題2 【解答欄】

問題2	1.	事項1	
		事項2	
	2.	事項1	
		事項2	
	3.	事項1	
		事項2	

問題３ 市街地での事務所ビルの新築工事において、各階を施工数量の異なるＡ工区とＢ工区に分けて工事を行うとき、右の躯体工事工程表（基準階の柱、上階の床、梁部分）に関し、次の１．から４．の問いに答えなさい。

工程表は検討中のもので、型枠工10人、鉄筋工６人をそれぞれ半数ずつの２班に割り振り、両工区の施工を同時に進める計画とした。

各作業班の作業内容は作業内容表のとおりであり、Ａで始まる作業名はＡ工区の作業を、Ｂで始まる作業名はＢ工区の作業をＣで始まる作業名は両工区同時に行う作業を示すが、作業Ａ４、Ｂ４及び作業Ａ８、Ｂ８については作業内容を記載していない。

各作業は一般的な手順に従って施工されるものとし、検査や設備関係の作業については省略している。

なお、安全上の観点から鉄筋工事と型枠工事の同時施工は避け、作業Ａ３、Ｂ３及び作業Ａ７、Ｂ７はＡ、Ｂ両工区の前工程が両方とも完了してから作業を行うこととする。

〔工事概要〕

用　　　途：事務所

構造・規模：鉄筋コンクリート造、地上６階、塔屋１階、延べ面積3,000㎡
　　　　　　階段は鉄骨造で、別工程により施工する。

１．作業Ａ４、Ｂ４及びＡ８、Ｂ８の**作業内容**を記述しなさい。

２．作業Ｂ６の**フリーフロート**を記入しなさい。

３．次の記述の ☐ に**当てはまる数値**をそれぞれ記入しなさい。

Ａ工区とＢ工区の施工数量の違いから、各作業に必要な総人数に差のある作業Ａ１、Ｂ１から作業Ａ４、Ｂ４までについて、最も効率の良い作業員の割振りに変え、所要日数の短縮を図ることとした。

ただし、一作業の１日当たりの最少人数は２人とし、一作業の途中での人数の変更は無いものとする。

このとき、変更後の１日当たりの人数は、作業Ａ１は２人、作業Ｂ１は４人に、作業Ａ２は４人、作業Ｂ２は２人に、**作業Ａ３の人数**は あ 人となり、**作業Ａ４の人数**は い 人となる。

４．３．で求めた、作業Ａ１、Ｂ１から作業Ａ４、Ｂ４の工事ごと、工区ごとの割振り人数としたとき、㊋から㊊までの**総所要日数**を記入しなさい。

躯体工事工程表（基準階の柱、上階の床、梁部分）

※　凡例　⟨○⟩—B1/2—⟨○⟩：作業 B1 の所要日数が2日であることを表している。

　　なお、工程表にダミー線は記載していない。

作業内容表（所要日数、必要総人数には仮設、運搬を含む）

作業名	作業員（人）	所要日数（日）	必要総人数（人）	作業内容
C1	2	1	2	墨出し
A1	3	1	2	柱配筋　※1
B1	3	2	4	
A2	3	3	8	壁配筋
B2	3	1	2	
A3	5	1	5	柱型枠建込み
B3	5	3	14	
A4	5	5	24	☐
B4	5	1	5	
A5	5	2	10	梁型枠組立て
B5	5	2	10	
A6	5	3	15	床型枠組立て
B6	5	3	15	
A7	3	4	12	梁配筋　※1
B7	3	4	12	
A8	3	4	12	☐
B8	3	4	12	
A9	5	1	5	段差、立上がり型枠建込み
B9	5	1	5	
C2	2（台）	1	2（台）	コンクリート打込み

※1：圧接は、配筋作業に合わせ別途作業員にて施工する。

検討用

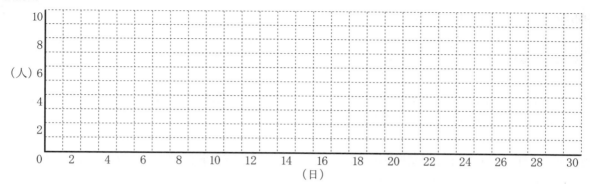

問題3　【解答欄】

問題3	1.	作業内容Ａ４、Ｂ４			
		作業内容Ａ８、Ｂ８			
	2.	フリーフロート			
	3.	あ（人数）		い（人数）	
	4.	総所要日数			

問題4 次の1．から4．の問いに答えなさい。

　　ただし、解答はそれぞれ異なる内容の記述とし、材料（仕様、品質、運搬、保管等）、作業環境（騒音、振動、気象条件等）及び作業員の安全に関する記述は除くものとする。

1．杭工事において、既製コンクリート杭の埋込み工法の施工上の**留意事項**を2つ、具体的に記述しなさい。
　　ただし、養生に関する記述は除くものとする。

2．型枠工事において、柱又は梁型枠の加工、組立ての施工上の**留意事項**を2つ、具体的に記述しなさい。
　　ただし、基礎梁及び型枠支保工に関する記述は除くものとする。

3．コンクリート工事において、コンクリート打込み後の養生に関する施工上の**留意事項**を2つ、具体的に記述しなさい。
　　なお、コンクリートに使用するセメントは普通ポルトランドセメントとし、計画供用期間の級は標準とする。

4．鉄骨工事において、トルシア形高力ボルトの締付けに関する施工上の**留意事項**を2つ、具体的に記述しなさい。
　　ただし、締付け器具に関する記述は除くものとする。

問題4 【解答欄】

問題4	1.	1	
		2	
	2.	1	
		2	
	3.	1	
		2	
	4.	1	
		2	

問題5 次の1．から8．の各記述において、ⓐからⓔの下線部のうち**最も不適当な語句又は数値**の下線部下の**記号**とそれに替わる**適当な語句又は数値**との**組合せ**を、下の枠内から1つ選びなさい。

1．改質アスファルトシート防水常温粘着工法・断熱露出仕様の場合、立上り際の風による<u>負圧</u>は平場の一
ⓐ
般部より大きくなるため、断熱材の上が絶縁工法となる立上り際の平場部の幅<u>300</u>㎜程度は、防水層の
ⓑ
<u>1</u>層目に粘着層付改質アスファルトシートを張り付ける。
ⓒ

　なお、<u>入隅</u>部では立上りに<u>100</u>㎜程度立ち上げて、浮きや口あきが生じないように張り付ける。
ⓓ　　　　　ⓔ

① ⓐ-正	② ⓑ-500	③ ⓒ-2	④ ⓓ-出隅	⑤ ⓔ-150

2．セメントモルタルによるタイル張りにおいて、まぐさ、庇先端<u>下部</u>など剥落のおそれが大きい箇所に
ⓐ
<u>小口</u>タイル以上の大きさのタイルを張る場合、径が<u>0.6</u>㎜以上のなまし<u>鉄線</u>を剥落防止用引金物として張
ⓑ　　　　　　　　　　　　　　　ⓒ　　　　　　　ⓓ
付けモルタルに塗り込み、必要に応じて、受木を添えて<u>24</u>時間以上支持する。
ⓔ

① ⓐ-見付	② ⓑ-モザイク	③ ⓒ-0.4	④ ⓓ-ステンレス	⑤ ⓔ-72

3．長尺金属板葺の下葺のアスファルトルーフィングは軒先と平行に敷き込み、軒先から順次棟へ向かって
　　　　　　　　　　　　　　　　　　　　　　　　　ⓐ
張り、隣接するルーフィングとの重ね幅は、流れ方向（上下）は100㎜以上、長手方向（左右）は150㎜以
　　　　　　　　　　　　　　　　　　　　　ⓑ　　　　　　　　　　　　　　　ⓒ
上重ね合わせる。

　　金属板を折曲げ加工する場合、塗装又はめっき及び地肌に亀裂が生じないよう切れ目を入れないで折り
　　　　　　　　　　　　　　　　　　　　　　　　　　　　　　　　　　　　ⓓ
曲げる。金属板を小はぜ掛けとする場合は、はぜの折返し寸法と角度に注意し、小はぜ内に3〜6㎜程度
の隙間を設けて毛細管現象による雨水の浸入を防ぐようにする。
　　　　　　　　　　　　　　ⓔ

| ① ⓐ−垂直 | ② ⓑ−200 | ③ ⓒ−200 | ④ ⓓ−入れて | ⑤ ⓔ−風 |

4．内装の床張物下地をセルフレベリング材塗りとする場合、軟度を一定に練り上げたセルフレベリング材
　　　　　　　　　　　　　　　　　　　　　　　　ⓐ
を、レベルに合わせて流し込む。流し込み中はできる限り通風を良くして作業を行う。
　　　　　　　　　　　　　　　　　　　　　　　　　　　ⓑ
　　施工後の養生期間は、常温で7日以上、冬期間は14日以上とし、施工場所の気温が5℃以下の場合は施
　　　　　　　　　　　　　ⓒ　　　　　　　ⓓ　　　　　　　　　　　ⓔ
工しない。

| ① ⓐ−硬 | ② ⓑ−避けて | ③ ⓒ−3 | ④ ⓓ−28 | ⑤ ⓔ−3 |

5．ＰＣカーテンウォールの<u>ファスナー</u>方式には、ロッキング方式、スウェイ方式がある。
　　　　　　　　　　　ⓐ

　　ロッキング方式はＰＣパネルを<u>回転させる</u>ことにより、また、スウェイ方式は上部、下部ファスナーの
　　　　　　　　　　　　　　ⓑ

<u>両方</u>をルーズホールなどで<u>滑らせる</u>ことにより、ＰＣカーテンウォールを<u>層間変位</u>に追従させるものであ
ⓒ　　　　　　　　　　　ⓓ　　　　　　　　　　　　　　　　　　　　ⓔ

る。

| ① ⓐ-取付 | ② ⓑ-滑らせる | ③ ⓒ-どちらか | ④ ⓓ-回転させる | ⑤ ⓔ-地震 |

6．塗装工事における研磨紙ずりは、素地の汚れや錆、下地に付着している<u>塵埃</u>を取り除いて素地や下地を
　　　　　　　　　　　　　　　　　　　　　　　　　　　　　　　　　ⓐ

<u>粗面</u>にし、かつ、次工程で適用する塗装材料の<u>付着性</u>を確保するための足掛かりをつくり、<u>仕上り</u>を良く
ⓑ　　　　　　　　　　　　　　ⓒ　　　　　　　　　　　　　　　　　　　　　　ⓓ

するために行う。

　　研磨紙ずりは、下層塗膜が十分<u>乾燥</u>した後に行い、塗膜を過度に研がないようにする。
　　　　　　　　　　　　ⓔ

| ① ⓐ-油分 | ② ⓑ-平滑 | ③ ⓒ-作業 | ④ ⓓ-付着 | ⑤ ⓔ-硬化 |

7．居室の壁紙施工において、壁紙及び壁紙施工用でん粉系接着剤のホルムアルデヒド放散量は、一般に、
F☆☆☆☆としている。また、防火材の認定の表示は防火製品表示ラベルを1区分（1室）ごとに1枚以
上張り付けて表示する。

| ① ⓐ-溶剤 | ② ⓑ-シンナー | ③ ⓒ-☆☆☆ | ④ ⓓ-シール | ⑤ ⓔ-2 |

8．コンクリート打放し仕上げ外壁のひび割れ部の改修における樹脂注入工法は、外壁のひび割れ幅が
0.2mm以上2.0mm以下の場合に主に適用され、シール工法やUカットシール材充填工法に比べ耐久性が期待
できる工法である。

挙動のあるひび割れ部の注入に用いるエポキシ樹脂の種類は、軟質形とし、粘性による区分が低粘度形
又は中粘度形とする。

| ① ⓐ-1.0 | ② ⓑ-V | ③ ⓒ-耐水 | ④ ⓓ-硬 | ⑤ ⓔ-高 |

問題5 【解答欄】

問題5	1.		5.	
	2.		6.	
	3.		7.	
	4.		8.	

問題6 次の1. から3. の各法文において、□□□に**当てはまる正しい語句**を、下の該当する枠内から
1つ選びなさい。

1. 建設業法（請負契約とみなす場合）

第24条　委託その他いかなる □①□ をもってするかを問わず、 □②□ を得て建設工事の完成を目的
として締結する契約は、建設工事の請負契約とみなして、この法律の規定を適用する。

①	① 業務	② 許可	③ 立場	④ 名義	⑤ 資格
②	① 報酬	② 利益	③ 許可	④ 承認	⑤ 信用

2. 建築基準法施行令（建て方）

第136条の6　建築物の建て方を行なうに当たっては、仮筋かいを取り付ける等荷重又は外力による
□③□ を防止するための措置を講じなければならない。

2　鉄骨造の建築物の建て方の □④□ は、荷重及び外力に対して安全なものとしなければならない。

③	① 事故	② 災害	③ 変形	④ 傾倒	⑤ 倒壊
④	① ワイヤロープ	② 仮筋かい	③ 仮締	④ 本締	⑤ 手順

3．労働安全衛生法（元方事業者の講ずべき措置等）

　第29条　元方事業者は、関係請負人及び関係請負人の労働者が、当該仕事に関し、この法律又はこれに
　　基づく命令の規定に違反しないよう必要な　⑤　を行なわなければならない。

　2　元方事業者は、関係請負人又は関係請負人の労働者が、当該仕事に関し、この法律又はこれに基づ
　　く命令の規定に違反していると認めるときは、　⑥　のため必要な指示を行なわなければならない。

　3　（略）

| ⑤ | ① 説明 | ② 教育 | ③ 指導 | ④ 注意喚起 | ⑤ 契約 |

| ⑥ | ① 衛生 | ② 是正 | ③ 改善 | ④ 安全 | ⑤ 健康 |

問題6 【解答欄】

問題6	1.	①		②	
	2.	③		④	
	3.	⑤		⑥	

令和3年度

1級 建築施工管理技術検定

第二次検定

解答例・解説

【解答例－1】 ＲＣ新築

<table>
<tr><td rowspan="7">工事概要</td><td colspan="2">工　事　名</td><td colspan="2">ハイツ久我山新築工事</td></tr>
<tr><td colspan="2">工　事　場　所</td><td colspan="2">東京都杉並区久我山○丁目○番地</td></tr>
<tr><td colspan="2" rowspan="3">工事の内容</td><td colspan="2">共同住宅、鉄筋コンクリート造、地上6階、延べ面積：1,600㎡、</td></tr>
<tr><td colspan="2">外壁小口二丁掛タイル張り一部打放しコンクリート仕上げ</td></tr>
<tr><td colspan="2">屋上：アスファルト露出防水、床：フローリング張、壁・天井：PB下地ビニルクロス張り</td></tr>
<tr><td colspan="2">工　　　期</td><td>2020 年 1 月～ 2021 年 3 月</td><td>あなたの立場　　工事主任</td></tr>
<tr><td colspan="2">業　務　内　容</td><td colspan="2">工事管理全般</td></tr>
<tr><td rowspan="18">問題1</td><td rowspan="6">1.
事例1</td><td>①工種名</td><td colspan="2">コンクリート工事</td></tr>
<tr><td>②品質の目標
　重点品質管理
　項目</td><td colspan="2">耐候性のあるコンクリートの打設を目標に重点品質管理項目を打設後の
豆板ゼロ及びコールドジョイントゼロとした。</td></tr>
<tr><td>③定めた理由
　欠陥又は不具合</td><td colspan="2">一部外壁でコンクリート打放し仕上げが有り、打設のままが仕上りと
なる為、豆板・コールドジョイントの欠陥が予測される。</td></tr>
<tr><td>④実施した内容
　確認方法又は
　検査方法</td><td colspan="2">打設範囲毎に担当者を定め、高周波バイブレーター、内外から綿密な
叩き締め、昼休みは連続打設した。必要な人数を確認した。</td></tr>
<tr><td rowspan="3">1.
事例2</td><td>①工種名</td><td colspan="2">タイル工事</td></tr>
<tr><td>②品質の目標
　重点品質管理
　項目</td><td colspan="2">品質目標の小口二丁掛タイルの引張り強度確保には張付けモルタルの
オープンタイムが影響するため、1回の張付けモルタルの管理を重点
品質管理項目とした。</td></tr>
<tr><td>③定めた理由
　欠陥又は不具合</td><td colspan="2">張付けモルタルのオープンタイムにより所定の引張強度が確保されない
場合があり、同部分の引張強度が所定以上とならずタイルの剥離が予測
される。</td></tr>
<tr><td>④実施した内容
　確認方法又は
　検査方法</td><td colspan="2">1回の張付けモルタルが所定以内になるよう壁を割振りし、張付け
モルタル量と施工時間を徹底させた。時間を決めて目視確認した。</td></tr>
<tr><td rowspan="2">2.
事例1</td><td>①品質管理活動
　の内容
　手段又は方法</td><td colspan="2">部屋毎に次工程者が前工程の品質を確認して職長がリストにサインして
品質管理する。作業に入る前にルールを職長全員に現場打合で伝達した。</td></tr>
<tr><td>②良い影響</td><td colspan="2">前工程を次工程者が確認し、合格を出して自分の作業を開始するので
下地が悪かった等の業者間でのトラブルが無くなり最終仕上がりが良好
となった。</td></tr>
</table>

問題1 【解答例－2】 S新築

工事概要	工 事 名	KUビル新築工事		
	工 事 場 所	東京都千代田区九段下○丁目○番○号		
	工事の内容	事務所、鉄骨造（B1F：SRC）、地下1階、地上8階、延べ面積1,950㎡、		
		外壁：アルミCW、押出し成形セメント板＋VE塗装		
		床：OAフロアの上タイルカーペット、壁：PB下地AP塗装、天井：岩綿吸音板		
	工 期	2019 年 12 月～2020 年 10 月	あなたの立場	工事主任
	業 務 内 容	工事管理全般		

問題1	1.事例1	①工種名	鉄筋工事
		②品質の目標 重点品質管理 項目	耐久性のある躯体を品質目標に鉄筋のかぶり厚さの確保を重点品質
			管理項目として鉄筋の組立て作業における品質管理を実施した。
		③定めた理由 欠陥又は不具合	基礎地下躯体において耐久性を確保するには鉄筋のかぶり厚さが重要で、
			確認を怠ると鉄筋のかぶり厚さの不具合が予測される。
		④実施した内容 確認方法又は 検査方法	かぶり厚さでスペーサーの色を変え全数を短時間で確認出来るようにし、
			無作為抽出の実測検査により精度を高めた。
	1.事例2	①工種名	鉄骨工事
		②品質の目標 重点品質管理 項目	建物の精度を要求されたため、品質目標を鉄骨建方精度の確保とし、
			重点品質管理項目を各階での建方誤差±10㎜以下とし、管理を行った。
		③定めた理由 欠陥又は不具合	柱の倒れは節毎の誤差の修正と全体での誤差も重要で管理値を定めた。
			各階誤差が基準値以下でも、向きにより全体での欠陥が予測される。
		④実施した内容 確認方法又は 検査方法	各建方時に下げ振りとレーザーでの確認を行い誤差については基準値以下
			となるように歪みを直した。全体もレーザーと下げ振りで確認した。
	2.事例1	①品質管理活動 の内容 手段又は方法	職種毎の合否確認チェックリストにより全数自主検査を実施し、
			現場担当による抽出検査を行う事を各職長に伝達した。
		②良い影響	合否確認チェックリストを基に抽出検査を実施し不合格が出た場合、
			協力会社の全数再検査を行うため、全体的に高品質な出来映えとなった。

工事概要	工　事　名	勾当台独身寮改修工事		
	工事場所	宮城県仙台市青葉区上杉○丁目○番地		
	工事の内容	独身寮、ＲＣ造3階、延べ面積：1,641㎡		
		外壁：塗替え、屋上アスファルト防水改修、床：フローリング張替、		
		壁・天井：ＰＢ下地取替、ビニルクロス張替		
	工　　期	令和3年6月～令和3年12月	あなたの立場	工事主任
	業務内容	工事管理全般		

問題1	1.事例1	①工種名	防水工事
		②品質の目標 重点品質管理項目	品質目標として耐久性があり漏水の無い防水層の施工とし、
			重点品質管理項目は防水下地の平滑性と乾燥度の確認とした。
		③定めた理由 欠陥又は不具合	防水層は下地からの突起物により穴あきや亀裂の発生が予測され、
			下地の乾燥度が不良の場合、ルーフィングの膨れ・剥離が予測される。
		④実施した内容 確認方法又は検査方法	既存防水層撤去の後、凹凸を平滑にして亀裂補修、目視確認した。
			高周波水分計で下地コンクリートの含水率を基準以下とした。
	1.事例2	①工種名	内装工事
		②品質の目標 重点品質管理項目	既存壁にひび割れや倒れがあるため、改修の品質目標を精度の高い
			壁下地として、重点管理項目を下地調整とＧＬ工法の精度確保とした。
		③定めた理由 欠陥又は不具合	既存のＧＬ壁下地の精度が低く張り直し後の下地厚さを既存解体で精度の
			高い壁下地とならないため、既存と同じ倒れ等の不具合が予測される。
		④実施した内容 確認方法又は検査方法	既存プラスターボード撤去後、下地厚さに留意して既存ＧＬボンドを
			削り取り、新規ＧＬ壁の精度を確保する為、突起物等が無いか確認した。
	2.事例1	①品質管理活動の内容 手段又は方法	完成モデルの部屋を先行にて作成し、各所の納まりや出来映えを
			各作業員には作業前に実際に確認してもらい作業を進めるようにした。
		②良い影響	作業員による出来映え格差が減少して、高品質の出来映えとなった。
			また、検査の合否基準も先行モデルにより正確な判定が可能になった。

▼ 解　説

　品質の確保は建築物の長寿命化を実現するには重要で施工者は、発注者のニーズと設計図書等を把握して、工期・コスト・安全の条件下で品質管理を行うことを求められている。

1．あなたが工事概要で上げた工事で重点をおいて実施した品質管理の事例を2つあげて具体的に記述する。
　　品質管理を実施する上で発注者ニーズ・設計図書等による要求品質を確保するために**品質の目標**をたて、それを達成するための**重点品質管理項目**（具体的で出来るだけ定量化）を定めて管理していくが、設問では**定めた理由**及び発生を予測した**欠陥又は不具合**を記述して、重点管理項目については、現場で**実施した内容**及びその**確認方法又は検査方法**を記述する。
　　①　**工種名**（杭工事、土工事、コンクリート工事、防水工事、内装工事・・・他）
　　②　**品質の目標**（耐候性のあるコンクリートの打設、鉄骨建方精度の確保、タイルの引張り強度確保・・・他）、**重点管理目標**（豆板ゼロ及びコールドジョイントゼロ、建方誤差±10mm以下、1回の張付けモルタル2㎡以下・・・他）
　　③　重点管理項目を**定めた理由**（外壁で打設のままが仕上となる、節毎の誤差の修正と全体での誤差も重要、張付けモルタルのオープンタイムにより所定の引張強度が確保出来ない・・・他）及び発生を予測した**欠陥又は不具合**（豆板及びコールドジョイント、基準値以下でも向きにより全体での欠陥、タイルの剥離が予測される・・・他）
　　④　重点管理項目について、**実施した内容**（高周波バイブレーター及び内外からの叩き締めと連続打設、下げ振りとレーザーでの確認と歪みを直し、張付けモルタル量と施工時間を徹底・・・他）及びその**確認方法又は検査方法**（必要な人数を確認、全体での下げ振りとレーザーでの確認、時間を決めて目視確認・・・他）

2．解答は工事概要で記述した以外の工事の記述でも良い。現場で行う組織的（会社単位、事業所単位、地域単位、現場全体等）な品質管理活動についての記述を行う。
　　①　品質管理活動の**内容**（次工程者が前工程の品質を確認・職種毎の合否確認チェックリストにより全数自主検査を実施、完成モデルの部屋を先行にて作成して各所の納まり等を事前に確認・・・他）及び協力会社等に伝達する**手段又は方法**（作業に入る前にルールを職長全員に徹底・現場担当より抽出検査を行う事を各職長に伝達・各作業員には作業前に実際に確認してもらう・・・他）
　　②　品質管理活動による**良い影響**（下地が悪かった等の業者間での責任逃れが無く高品質となった、協力会社の全数再検査を行うため高品質となった、検査の合否基準も先行モデルにより明確になった・・・他）

【解答例】

問題2	1.	事項1	ゴンドラの下部には囲い等の進入防止措置と表示を行い、通行人等を含め関係者以外の立入りを禁止するよう留意する。
		事項2	仮設ゴンドラの選定では現場状況と作業内容に合った機種（作業員数・積載荷重・作業範囲等）を検討する。
	2.	事項1	場内仮設事務所は外部から直接出入り出来て、車両の搬出入や人の出入りが管理できる位置で検討する。
		事項2	規模は収容人員や打合せ室、休憩室等に応じて決定し、安全上・防火上及び衛生上支障の無い構造となるよう検討する。
	3.	事項1	他の交通に支障の無い位置に設け、引戸式やシャッターの扉を設けて工事車両の入退場に支障の無い幅と高さで検討する。
		事項2	出入り口の床面（舗装等）の養生を必要に応じて行い、歩行者のつまずき・転倒などが生じないよう留意する。

解 説

　建築工事にて仮設物（1．仮設ゴンドラ、2．場内仮設事務所、3．工事ゲート（車両出入口））の計画で**留意及び検討すべき事項**を2つ具体的に記述する。ただし、申請手続き、届出及び運用管理に関する事項は除く。

　使用資機材には不良品はないものとする。

1．仮設ゴンドラ

　ゴンドラは吊り足場・昇降装置・安全装置などで構成され、昇降装置で昇降する機械足場のことで常設用と仮設用がある。仮設ゴンドラの計画で留意及び検討すべき事項は以下のようなものがある。

① 　ゴンドラの下部には囲い等の進入防止措置と表示を行うよう留意

② 　作業中は誘導員等により通行人等を含め関係者以外の立入りを禁止するよう留意

③ 　ゴンドラ選定では現場状況を調査把握して作業内容に合った機種（作業員数・積載荷重・作業範囲等）を適正な場所になるよう留意

2．場内仮設事務所

　現場内に設ける仮設の事務所で執務室・打合せスペース・休憩場所等を備えた仮設建築で組立て解体が容易なプレハブ式等の構造が多い。計画で留意及び検討すべき事項は以下のようなものがある。

① 　外部から安全通路により直接出入り出来て、車両の搬出入や人の出入りが管理できる位置で検討

② 　床荷重、強風等に耐える構造として安全・防火及び衛生上支障の無いよう検討

③ 　十分な換気（窓その他の開口は床面積の1/20以上）と作業に支障の無い照度（机面で700ルクス前後）になるよう留意

３．工事ゲート（車両出入口）

　　工事車両が入退場できる引戸式又はシャッターなどで扉を設けた出入口。計画で留意及び検討すべき事項は以下のようなものがある。

① 　他の交通に支障の無い位置とし、引戸式やシャッターの扉を設けて工事車両の入退場に支障の無い幅と高さを確保するよう留意

② 　出入り口の床面（舗装等）の養生を必要に応じて行う。その場合、歩行者のつまずき・転倒などが生じないよう留意

③ 　車両の出入り時にブザー又は黄色回転灯を設置して通行人への注意を促すように計画して、作業終了後は施錠して第三者の進入防止が出来るよう留意

| 問題3 【解答例】 |

問題3	1.	作業内容A4、B4	壁型枠建込み				
		作業内容A8、B8	床配筋				
	2.	フリーフロート	2日				
	3.	あ（人数）	3（人）	い（人数）		8（人）	
	4.	総所要日数	24日				

解 説

　事務所ビルの新築工事において、躯体工事工程に関する問題で工区を2つに分けている。

　躯体工事工程の作業順序として、垂直方向（柱及び壁）の鉄筋工事から型枠工事が行われ、続いて水平方向（梁及び床）の型枠工事から鉄筋工事が一般的な手順で行われるので、留意して各設問に対応する。

　条件　①各階を施工数量の異なるA工区とB工区に分けて工事

　　　　②型枠工10人、鉄筋工6人を半数ずつ2班に割り振る

　　　　③鉄筋工事と型枠工事の同時施工は行わない。

1．作業A4、B4の作業は「柱型枠建込み」後で「梁型枠組立て」前に終わる作業のため**「壁型枠建込み」**作業となる。

　作業A8、B8の作業は「梁配筋」後で「段差、立上り型枠建込み」前に終わる作業のため**「床配筋」**作業となる。

2．作業Ｂ６のフリーフロート（自由余裕時間）は下記のとおり**２日**。

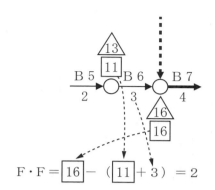

$$\mathrm{F \cdot F} = \boxed{16} - (\boxed{11} + 3) = 2$$

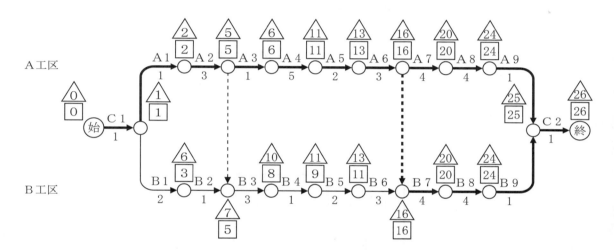

△　最遅終了時刻（ＬＦＴ）

▢　最早開始時刻（ＥＳＴ）

➡　クリティカルパス

3. 作業A1、B1～作業A4、B4の最も効率の良い作業員割振りは下図のとおり。

条件により変更後の1日当たりの人数は作業A1（2人）、作業B1（4人）、作業A2（4人）、作業B2（2人）したがって、作業A3は**3人**、作業A4は**8人**となる。

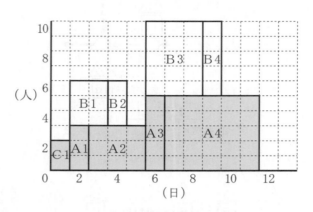

作業内容表の山積み表

作業A3の人数：5人
作業A4の人数：5人

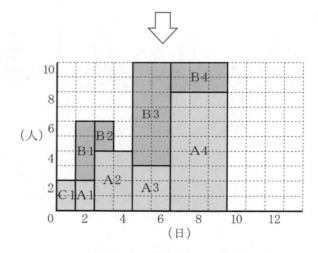

設問3により変更した山積み表

作業A3の人数：**3人**
作業A4の人数：**8人**

◎「最も効率の良い作業員の割振りを変え、所要日数の短縮を図る」（下表参照）

作業内容表（所要日数、必要総人数には仮設、運搬を含む）

作 業 名	作業員（人）	所要日数（日）	必要総人数（人）	作 業 内 容
C 1	2	1	2	墨出し
A 1	3→2	1→1	2	柱配筋　※1
B 1	3→4	2→1	4	
A 2	3→4	3→2	8	壁配筋
B 2	3→2	1→1	2	
A 3	5→3	1→2	5	柱型枠建込み
B 3	5→7	3→2	14	
A 4	5→8	5→3	24	壁型枠建込み
B 4	5→2	1→3	5	
A 5	5	2	10	梁型枠組立て
B 5	5	2	10	
A 6	5	3	15	床型枠組立て
B 6	5	3	15	
A 7	3	4	12	梁配筋　※1
B 7	3	4	12	
A 8	3	4	12	床配筋
B 8	3	4	12	
A 9	5	1	5	段差、立上がり型枠建込み
B 9	5	1	5	
C 2	2（台）	1	2（台）	コンクリート打込み

※1：圧接は、配筋作業に合わせ別途作業員にて施工する。

4．上記の内容に変更した場合の総所要日数は下図のとおりとなり**24日**となる。

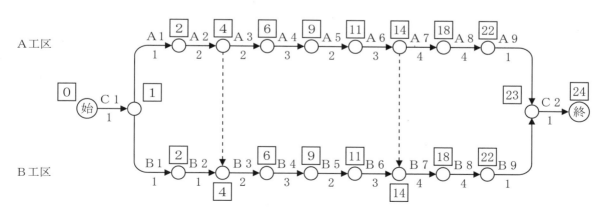

問題4	1.	1	掘削は地盤に適した速度で行うように留意する。
		2	オーガーの引上げは根固め液の注入量に合わせるよう留意する。
	2.	1	柱型枠の下部には対角線上に2ヶ所掃除口を設置するよう留意する。
		2	合板は出来るだけ定尺を使用するよう板取に留意する。
	3.	1	打込んだコンクリートが2℃以下にならないよう留意する。
		2	加熱養生を行った場合は、加熱終了後は急激な冷却はさけるよう留意する。
	4.	1	一次締め完了後ボルトから母材にかけてマーキングを行うよう留意する。
		2	二次締付けはピンテール部が破断するまで締付けるよう留意する。

解 説

　各項目における施工上の留意事項を記述するが、材料（仕様、品質、運搬、保管等）、作業環境（騒音、振動、気象条件等）及び作業員の安全に関することは記述しない。

1．既製コンクリート杭の埋込み工法の施工上の留意事項は以下のようなものがある。（ただし、養生に関する記述は除く。）
　①　支持層の確認はオーガーの駆動電動機の電流値の変化で支持地盤の到達を確認する。
　②　オーガー引き上げ時は、杭壁崩壊をさせないように静かに正回転で引き上げる。
　③　支持地盤への貫入深さを最低でも1.0m以上確保するよう留意する。

2．柱又は梁型枠の加工、組立ての施工上の留意事項は以下のようなものがある。（ただし、基礎梁及び型枠支保工に関する記述は除く。）
　①　柱型枠の下部には対角線上に2ヶ所（約300×200）掃除口を設置するよう留意する。
　②　合板は出来るだけ定尺をそのまま多く使用するよう板取に留意する。
　③　型枠は、足場、やり方などの仮設物と連結させないようにする。

3．コンクリート打込み後の養生に関する施工上の留意事項は以下のようなものがある。（なお、コンクリートに使用するセメントは普通ポルトランドセメントで、計画供用期間の級は標準。）
　①　打込んだコンクリートのどの部分でも2℃以上に保つように留意する。
　②　打込み後のコンクリートは、散水、噴霧、養生マットなどにより湿潤に保つよう留意する。
　③　打設後1日間は歩行や作業は行わないよう留意する。

4．トルシア形高力ボルトの締付けに関する施工上の留意事項は以下のようなものがある。（ただし、締付け器具の記述は除く。）

① 一次締め完了後ボルト、ナット、座金及び母材にかけてマーキングを行うよう留意する。

② 一群のボルトの締付けは、継手の中央部から板端部に向かって締付けるよう留意する。

③ 二次締付けはピンテール部並びにナット部の特殊部分が破断するまで締付けるよう留意する。

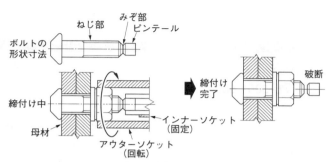

トルシア形高力ボルトの本締め

	1.	②500	5.	③どちらか
問題5	2.	④ステンレス	6.	②平滑
	3.	③200	7.	⑤2
	4.	②避けて	8.	①1.0

解 説

1. 改良アスファルト防水常温粘着工法・断熱露出使用の場合、‥‥断熱材の上が絶縁工法となる立上り際の平場の幅（300㎜ではなく②b-500）500㎜程度は、‥‥張り付ける。　※その他は設問のとおり。

2. セメントモルタルによるタイル張りにおいて、‥‥径が0.6㎜以上のなまし（鉄線ではなく④d-ステンレス）ステンレス線を剥落防止用引金物として‥‥支持する。　※その他は設問のとおり。

3. 長尺金属板葺の下葺のアスファルトルーフィングは‥‥隣接するルーフィングとの重ね幅は、流れ方向（上下）は100㎜以上、長手方向（左右）は（150㎜ではなく③C-200）200㎜以上重ね合わせる。金属板を‥‥防ぐようにする。　※その他は設問のとおり。

4. 内装の床張物下地をセルフレベリング材塗りとする場合、‥‥流し込み中はできる限り通風を（良くしてではなく②b-避けて）避けて作業を行う。施工後の‥‥は施工しない。　※その他は設問のとおり。

5. ＰＣカーテンウォールの‥‥スウェイ方式は上部、下部ファスナーの（両方ではなく③C-どちらか）どちらかをルーズホールなどで‥‥追従させるものである。　※その他は設問のとおり。

6. 塗装工事における研磨紙ずりは‥‥素地や下地を（粗面ではなく②b-平滑）平滑にし、‥‥過度に研がないようにする。　※その他は設問のとおり。

7. 居室の壁紙施工において、‥‥防火材の認定の表示は防火製品表示ラベルを1区分（1室）ごとに（1枚以上ではなく⑤e-2枚以上）2枚以上張り付けて表示する。　※その他は設問のとおり。

8. コンクリート打放し仕上げ外壁のひび割れ部の改修における樹脂注入工法は、外壁のひび割れ幅が0.2㎜以上（2.0㎜以下ではなく①a-1.0㎜以下）1.0㎜以下の場合に主に適用され、‥‥工法である。挙動のある‥‥とする。　※その他は設問のとおり。

問題6	【解答例】

<table>
<tr><td rowspan="3">問題6</td><td>1.</td><td>①</td><td>④名義</td><td>②</td><td>①報酬</td></tr>
<tr><td>2.</td><td>③</td><td>⑤倒壊</td><td>④</td><td>③仮締</td></tr>
<tr><td>3.</td><td>⑤</td><td>③指導</td><td>⑥</td><td>②是正</td></tr>
</table>

解　説

各条文は以下のとおり。

1．建設業法（請負契約とみなす場合）

第24条　委託その他いかなる①**名義**をもってするかを問わず、②**報酬**を得て建設工事の完成を目的として締結する契約は、建設工事の請負契約とみなして、この法律の規定を適用する。

2．建築基準法施行令（建て方）

第136条の６　建築物の建て方を行なうに当たっては、仮筋かいを取り付ける等荷重又は外力による③**倒壊**を防止するための措置を講じなければならない。

２　鉄骨造の建築物の建て方の④**仮締**は、荷重及び外力に対して安全なものとしなければならない。

3．労働安全衛生法（元方事業者の講ずべき措置等）

第29条　元方事業者は、関係請負人及び関係請負人の労働者が、当該仕事に関し、この法律又はこれに基づく命令の規定に違反しないように必要な⑤**指導**を行なわなければならない。

２　元方事業者は関係請負人又は関係請負人の労働者が、当該仕事に関し、この法律又はこれに基づく命令の規定に違反していると認めるときは、⑥**是正**のため必要な指示を行なわなければならない。

３　（略）

令和2年度

1級 建築施工管理技術 検定試験

実地試験

問　題

問題 1 建築工事の施工者は、設計図書に基づき、施工技術力、マネジメント力等を駆使して、要求された品質を実現させるとともに、設定された工期内に工事を完成させることが求められる。

　あなたが経験した**建築工事**のうち、品質を確保したうえで、**施工の合理化**を行った工事を**1つ**選び、工事概要を具体的に記述したうえで、次の1．及び2．の問いに答えなさい。

　なお、**建築工事**とは、建築基準法に定める建築物に係る工事とし、建築設備工事を除くものとする。

〔工事概要〕

イ．工　事　名

ロ．工　事　場　所

ハ．工　事　の　内　容 　新築等の場合：建物用途、構造、階数、延べ面積又は施工数量、
　　　　　　　　　　　　　　　　　　　主な外部仕上げ、主要室の内部仕上げ

　　　　　　　　　　　　改修等の場合：建物用途、建物規模、主な改修内容及び施工数量

ニ．工　　　　　期　（年号又は西暦で年月まで記入）

ホ．あなたの立場

1．工事概要であげた工事において、あなたが実施した現場における労務工数の軽減、工程の短縮などの**施工の合理化**の事例を**2つ**あげ、次の①から④について記述しなさい。

　ただし、2つの事例の②から④は、それぞれ異なる内容を具体的に記述するものとする。

① 工種又は部位等

② 実施した**内容**と品質確保のための**留意事項**

③ 実施した内容が**施工の合理化となる理由**

④ ③の施工の合理化以外に得られた**副次的効果**

2．工事概要にあげた工事にかかわらず、あなたの今日までの工事経験に照らして、施工の合理化の取組みのうち、品質を確保しながらコスト削減を行った事例を**2つ**あげ、①工種又は部位等、②施工の**合理化の内容**とコスト削減できた**理由**について具体的に記述しなさい。

　なお、コスト削減には、コスト増加の防止を含む。

　ただし、2つの事例は、1．②から④とは異なる内容のものとする。

工事概要	工　事　名			
	工　事　場　所			
	工　事　の　内　容			
	工　　　期	年　　月〜　　　年　　月	あなたの立場	
問題1	1.事例1	①工種又は部位等		
		②実施した内容と品質確保のための留意事項		
		③実施した内容が施工の合理化となる理由		
		④③の施工の合理化以外に得られた副次的効果		
	1.事例2	①工種又は部位等		
		②実施した内容と品質確保のための留意事項		
		③実施した内容が施工の合理化となる理由		
		④③の施工の合理化以外に得られた副次的効果		
	2.事例1	①工種又は部位等		
		②施工の合理化の内容とコスト削減できた理由		
	2.事例2	①工種又は部位等		
		②施工の合理化の内容とコスト削減できた理由		

問題2 次の1. から3. の設備又は機械を安全に使用するための**留意事項**を、**それぞれ2つ**具体的に記述しなさい。

　ただし、解答はそれぞれ異なる内容の記述とし、保護帽や要求性能墜落制止用器具などの保護具の使用、気象条件、資格、免許及び届出に関する記述は除くものとする。また、使用資機材に不良品はないものとする。

1. 外部枠組足場

2. コンクリートポンプ車

3. 建設用リフト

問題2 【解答欄】

問題2	1.	事項1	
		事項2	
	2.	事項1	
		事項2	
	3.	事項1	
		事項2	

問題3 次の1.から8.の各記述において、記述ごとの箇所番号①から③の下線部の語句又は数値のうち**最も不適当な箇所番号**を1つあげ、**適当な語句又は数値**を記入しなさい。

1. つり足場における作業床の最大積載荷重は、現場の作業条件等により定めて、これを超えて使用してはならない。

　つり足場のつり材は、ゴンドラのつり足場を除き、定めた作業床の最大積載荷重に対して、使用材料の種類による安全係数を考慮する必要がある。

　安全係数は、つりワイヤロープ及びつり鋼線は7.5以上、つり鎖及びつりフックは5.0以上、つり鋼帯及びつり足場の上下支点部は鋼材の場合2.5以上とする。
　　　　　　　　　　　　①　　　　　　　　　　　　　②
　　　　　　　　　　　　　　　③

2. 地下水処理における排水工法は、地下水の揚水によって水位を必要な位置まで低下させる工法であり、地下水位の低下量は揚水量や地盤の透水性によって決まる。
　　　　　　　　　　　　　　　　　　　①

　必要揚水量が非常に多い場合、対象とする帯水層が深い場合や帯水層が砂礫層である場合には、
　　　　　　　　　　　　②
ウェルポイント工法が採用される。
　　③

3. 既製コンクリート杭の埋込み工法において、杭心ずれを低減するためには、掘削ロッドの振れ止め装置を用いることや、杭心位置から直角二方向に逃げ心を取り、掘削中や杭の建込み時にも逃げ心からの距離を随時確認することが大切である。

　一般的な施工精度の管理値は、杭心ずれ量が $\dfrac{D}{4}$ 以下（Dは杭直径）、かつ、150mm以下、傾斜 $\dfrac{1}{100}$ 以内
　　　　　　　　　　　　　　　　　　①　　　　　　　　　　②　　　　　　③
である。

4．鉄筋工事において、鉄筋相互のあきは粗骨材の最大寸法の1.25倍、20mm及び隣り合う鉄筋の径（呼び名
　①
の数値）の平均値の1.5倍のうち最大のもの以上とする。
　②

　　鉄筋の間隔は鉄筋相互のあきに鉄筋の最大外径を加えたものとする。

　　柱及び梁の主筋のかぶり厚さはD 29以上の異形鉄筋を使用する場合は径（呼び名の数値）の1.5倍以上
　③
とする。

5．型枠工事における型枠支保工で、鋼管枠を支柱として用いるものにあっては、鋼管枠と鋼管枠との間に
交差筋かいを設け、支柱の脚部の滑動を防止するための措置として、支柱の脚部の固定及び布枠の取付け
①　　　②
などを行う。

　　また、パイプサポートを支柱として用いるものにあっては、支柱の高さが3.5mを超えるときは、高さ
２m以内ごとに水平つなぎを２方向に設けなければならない。
　　　　　　③

6．型枠の高さが4.5m以上の柱にコンクリートを打ち込む場合、たて形シュートや打込み用ホースを接続
　　　　　　①
してコンクリートの分離を防止する。

　　たて形シュートを用いる場合、その投入口と排出口との水平方向の距離は、垂直方向の高さの約$\frac{1}{2}$以
　　　②
下とする。

　　また、斜めシュートはコンクリートが分離しやすいが、やむを得ず斜めシュートを使用する場合で、シ
ュートの排出口に漏斗管を設けない場合は、その傾斜角度を水平に対して15度以上とする。
　　　　　　　　　　　　　　　　　　　　　　　　　　　　　　　　　③

7．溶融亜鉛めっき高力ボルト接合に用いる溶融亜鉛めっき高力ボルトは、建築基準法に基づき認定を受け

　　たもので、セットの種類は１種、ボルトの機械的性質による等級は<u>F8T</u>が用いられる。
　　　　　　　　　　　　　　　　　　　　　　　　　　　　　　①

　　　　溶融亜鉛めっきを施した鋼材の摩擦面の処理は、すべり係数が0.4以上確保できるブラスト処理又は

　　<u>りん酸塩処理</u>とし、H形鋼ウェブ接合部のウェブに処理を施す範囲は、添え板が接する部分の添え板の外
　　　　②

　　周から５mm程度<u>外側</u>とする。
　　　　　　　　　　③

8．鉄骨の現場溶接作業において、防風対策は特に配慮しなければならない事項である。

　　　　アーク熱によって溶かされた溶融金属は大気中の酸素や<u>窒素</u>が混入しやすく、凝固するまで適切な方法
　　　　　　　　　　　　　　　　　　　　　　　　　　　　　　　①

　　で外気から遮断する必要があり、このとき遮断材料として作用するものが、ガスシールドアーク溶接の場

　　合は<u>シールドガス</u>である。
　　　　　②

　　　　しかし、風の影響により<u>シールドガス</u>に乱れが生じると、溶融金属の保護が不完全になり溶融金属内部
　　　　　　　　　　　　　②

　　に<u>アンダーカット</u>が生じてしまう。
　　　　③

問題３　【解答欄】

		箇所番号	適当な語句又は数値		箇所番号	適当な語句又は数値
問題3	1.			5.		
	2.			6.		
	3.			7.		
	4.			8.		

問題4 次の1.から4.の問いに答えなさい。

　　ただし、解答はそれぞれ異なる内容の記述とし、材料（仕様、品質、保管等）、作業環境（騒音、振動、気象条件等）及び作業員の安全に関する記述は除くものとする。

1. タイル工事において、有機系接着剤を用いて外壁タイル張りを行うときの施工上の**留意事項**を**2つ**、具体的に記述しなさい。

　　ただし、下地及びタイルの割付けに関する記述は除くものとする。

2. 屋根工事において、金属製折板屋根葺を行うときの施工上の**留意事項**を**2つ**、具体的に記述しなさい。

3. 内装工事において、天井仕上げとしてロックウール化粧吸音板を、せっこうボード下地に張るときの施工上の**留意事項**を**2つ**、具体的に記述しなさい。

　　ただし、下地に関する記述は除くものとする。

4. 断熱工事において、吹付け硬質ウレタンフォームの吹付けを行うときの施工上の**留意事項**を**2つ**、具体的に記述しなさい。

　　ただし、下地に関する記述は除くものとする。

問題4 【解答欄】

問題4	1.	1	
		2	
	2.	1	
		2	
	3.	1	
		2	
	4.	1	
		2	

問題5 市街地での事務所ビルの内装工事において、各階を施工量の異なるA工区とB工区に分けて工事を行うとき、右の内装仕上げ工事工程表（3階）に関し、次の1.から4.の問いに答えなさい。

工程表は計画時点のもので、検査や設備関係の作業については省略している。

各作業班の作業内容及び各作業に必要な作業員数は作業内容表のとおりであり、Aで始まる作業名はA工区の作業を、Bで始まる作業名はB工区の作業を、Cで始まる作業名は両工区同時に行う作業を示すが、作業A4及び作業B4については作業内容を記載していない。

各作業班は、それぞれ当該作業のみを行い、各作業内容共、A工区の作業が完了してからB工区の作業を行うものとする。また、工区内では複数の作業を同時に行わず、各作業は先行する作業が完了してから開始するものとする。なお、各作業は一般的な手順に従って施工されるものとする。

〔工事概要〕

用　　　途：事務所

構造・規模：鉄筋コンクリート造、地上6階、塔屋1階、延べ面積2,800㎡

仕　上　げ：床は、フリーアクセスフロア下地、タイルカーペット仕上げ

間仕切り壁は、軽量鉄骨下地せっこうボード張り、ビニルクロス仕上げ

天井は、システム天井下地、ロックウール化粧吸音板取付け

なお、3階の仕上げ工事部分床面積は455㎡（A工区：273㎡、B工区182㎡）である。

1. 作業A4及び作業B4の**作業内容**を記述しなさい。

2. 作業B2の**フリーフロート**を記入しなさい。

3. ㊎から㊗までの**総所要日数**と、工事を令和3年2月8日（月曜日）より開始するときの**工事完了日**を記入しなさい。

ただし、作業休止日は、土曜日、日曜日及び祝日とする。

なお、2月8日以降3月末までの祝日は、建国記念の日（2月11日）、天皇誕生日（2月23日）、春分の日（3月20日）である。

4. 次の記述の　　　に当てはまる**数値**をそれぞれ記入しなさい。

総所要日数を変えずに、作業B2及び作業B4の1日当たりの作業員の人数をできるだけ少なくする場合、作業B2の人数は　あ　人に、作業B4の人数は　い　人となる。

ただし、各作業に必要な作業員の総人数は変わらないものとする。

107

内装仕上げ工事工程表（3階）

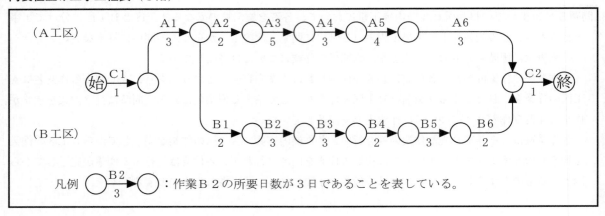

凡例 ◯ —B2→ ◯ ：作業B2の所要日数が3日であることを表している。

作業内容表

作　業　名	各作業班の作業内容[注]	1日当たりの作業員数
C1	3階墨出し	2人
A1、B1	壁軽量鉄骨下地組立て（建具枠取付けを含む）	4人
A2、B2	壁せっこうボード張り （A工区：1枚張り、B工区：2枚張り）	5人
A3、B3	システム天井組立て （ロックウール化粧吸音板取付けを含む）	3人
A4、B4	▭	4人
A5、B5	フリーアクセスフロア敷設	3人
A6、B6	タイルカーペット敷設、幅木張付け	3人
C2	建具扉の吊込み	2人

注）各作業内容には、仮設、運搬を含む。

検討用

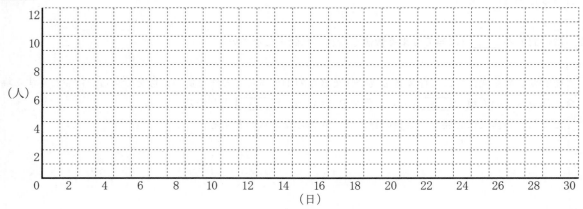

問題5	1.	作業内容		2.	フリーフロート	
	3.	総所要日数		4.	あ（人数）	
		工事完了日			い（人数）	

問題6 次の1. から3. の問いに答えなさい。

1. 「建設業法」に基づく建設工事の完成を確認するための検査及び引渡しに関する次の文章において、□□□に当てはまる**語句又は数値**を記入しなさい。

　　元請負人は、下請負人からその請け負った建設工事が完成した旨の通知を受けたときは、当該通知を受けた日から ① 日以内で、かつ、できる限り短い期間内に、その完成を確認するための検査を完了しなければならない。

　　元請負人は、前項の検査によって建設工事の完成を確認した後、下請負人が申し出たときは、直ちに、当該建設工事の目的物の引渡しを受けなければならない。ただし、下請契約において定められた工事完成の時期から ① 日を経過した日以前の一定の日に引渡しを受ける旨の ② がされている場合には、この限りでない。

2. 「建築基準法施行令」に基づく山留め工事等を行う場合の危害の防止に関する次の文章において、□□□に当てはまる**語句**を記入しなさい。

　　建築工事等における根切り及び山留めについては、その工事の施工中必要に応じて ③ を行ない、山留めを補強し、排水を適当に行なう等これを安全な状態に維持するための措置を講ずるとともに、矢板等の抜取りに際しては、周辺の地盤の ④ による危害を防止するための措置を講じなければならない。

3. 「労働安全衛生法」に基づく総括安全衛生管理者に関する次の文章において、□□□に当てはまる**語句**を記入しなさい。

　　事業者は、政令で定める規模の事業場ごとに、厚生労働省令で定めるところにより、総括安全衛生管理者を選任し、その者に安全管理者、衛生管理者又は第二十五条の二第二項の規定により技術的事項を管理する者の指揮をさせるとともに、次の業務を統括管理させなければならない。
　　一　労働者の、 ⑤ 又は健康障害を防止するための措置に関すること。
　　二　労働者の安全又は衛生のための ⑥ の実施に関すること。
　　三　健康診断の実施その他健康の保持増進のための措置に関すること。
　　四　労働災害の原因の調査及び再発防止対策に関すること。
　　五　前各号に掲げるもののほか、労働災害を防止するため必要な業務で、厚生労働省令で定めるもの

問題6 【解答欄】

問題6	1.	①		②	
	2.	③		④	
	3.	⑤		⑥	

令和2年度

1級 建築施工管理技術 検定試験

実地試験

解答例・解説

工事概要	工　事　名	△△△マンション新築工事		
	工　事　場　所	神奈川県横浜市○○区△△△○丁目○番○号		
	工事の内容	共同住宅、鉄筋コンクリート造、地上7階、延べ面積2,560㎡、		
		外壁：45二丁掛けタイル張り、屋上：アスファルト露出防水、		
		床：フローリング張り、壁・天井：PB下地ビニルクロス張り		
	工　　　期	2019 年 4 月～2020 年 3 月	あなたの立場	工事主任

問題1	1.事例1	①工種又は部位等	型枠工事
		②実施した内容と品質確保のための留意事項	合板スラブ型枠と支保工を梁型枠の支保工強度に留意し、合板型枠をフラットデッキに変更することで、スラブ品質の確保と工期短縮が図れた。
		③実施した内容が施工の合理化となる理由	フラットデッキとした場合、スラブの支保工と型枠の解体がなくなりスラブ下の次作業が可能となるため。
		④③の施工の合理化以外に得られた副次的効果	スラブ下作業をするための場内整備が早期に出来た。合板スラブ型枠を用いる場合の加工切断片や型枠解体材の発生が抑制された。
	1.事例2	①工種又は部位等	造作工事
		②実施した内容と品質確保のための留意事項	現場に直接取付けする造作家具の寸法が合うように現場の採寸と調整方法等に留意しながら工場製作をし、品質確保と工期短縮を図った。
		③実施した内容が施工の合理化となる理由	工場での大型加工機械や製品管理のもとで造作家具の製作をすることで、塗装仕上げを含めた製品精度と工期短縮を図れるため。
		④③の施工の合理化以外に得られた副次的効果	現場での加工や造作が削減され少数の熟練工で取付けが完了した。また現場での発生材処理が少なく廃棄物処理費の削減が図れた。
	2.事例1	①工種又は部位等	杭工事
		②施工の合理化の内容とコスト削減できた理由	現場打ちコンクリート杭の杭頭処理材を現場にて再生クラシャランとして地業工事の採石材として使用し、採石費用を削減した。
	2.事例2	①工種又は部位等	型枠工事
		②施工の合理化の内容とコスト削減できた理由	基礎及び地中梁を合板型枠からラス型枠に変更することで根切り・埋戻し範囲が縮小し工期短縮が図られ、型枠解体費等コスト削減となった。

工事概要	工　事　名	OGビル新築工事			
	工 事 場 所	東京都○○区△△△○丁目○番○号			
	工事の内容	事務所、鉄骨造、地上5階、延べ面積1,250㎡、			
		外壁：アルミCW、押出し成形セメント板＋VE塗装、			
		床：タイルカーペット、壁：PB下地EP塗り、天井：岩綿吸音板			
	工　　期	2019 年 6 月～ 2020 年 3 月	あなたの立場	工事主任	

問題1	1.事例1	①工種又は部位等	鉄骨工事
		②実施した内容と品質確保のための留意事項	鉄骨部材のねじれや曲がりが生じないように直角精度に留意して、地組架台にて地組することで品質確保と建方ピースを減らして建方を実施した。
		③実施した内容が施工の合理化となる理由	地組にて細物の鉄骨を小ブロック化して高所での組立てピースが削減し、揚重回数が削減できて品質確保の上、工期短縮が図れるため。
		④③の施工の合理化以外に得られた副次的効果	地組により作業効率が上がり、人件費の削減並びに建方で高所での危険作業が削減され作業員の安全性が向上した。
	1.事例2	①工種又は部位等	仮設工事
		②実施した内容と品質確保のための留意事項	本体1階床スラブの強度に留意して鉄筋補強等により、1階床スラブを構築し品質確保の上、本設躯体を乗入れ構台として使用した。
		③実施した内容が施工の合理化となる理由	本設躯体を鉄骨建方等の作業用に使用し、仮設での作業用構台や構台用支柱の設置・解体がなくなり工期短縮が図れるため。
		④③の施工の合理化以外に得られた副次的効果	仮設の作業用構台の設置・解体がなくなり、1階床スラブの補強等の増額を含めてもコスト削減と構台構築・解体時の危険作業が無くなった。
	2.事例1	①工種又は部位等	ALC版工事＋塗装工事
		②施工の合理化の内容とコスト削減できた理由	無足場工法を採用し、建物内よりALC版を建込み、予め現場での塗装を工場塗装とすることで品質の向上とコスト削減が図れた。
	2.事例2	①工種又は部位等	土工事
		②施工の合理化の内容とコスト削減できた理由	小規模建築物なので、簡易山留めを利用して根切り後、地中梁を構築し、埋戻し工事を含めた土工事のコスト削減と工期短縮が図れた。

令和2年度 解答例・解説

113

問題1 【解答例－3】 改修

<table>
<tr><td rowspan="5">工事概要</td><td colspan="2">工　事　名</td><td colspan="4">○○独身寮改修工事</td></tr>
<tr><td colspan="2">工　事　場　所</td><td colspan="4">宮城県仙台市○○区△△△○丁目○番○号</td></tr>
<tr><td colspan="2" rowspan="3">工　事　の　内　容</td><td colspan="4">独身寮、ＲＣ造、地上5階、延べ面積2,210㎡、外壁：45二丁掛け</td></tr>
<tr><td colspan="4">タイル浮補修、屋上：アスファルト防水改修、窓：サッシ取替、</td></tr>
<tr><td colspan="4">床：フローリング張替、壁・天井：ＰＢ下地ビニルクロス張替</td></tr>
<tr><td rowspan="30">問題1</td><td colspan="2">工　　　期</td><td colspan="2">平成31 年 2 月～令和元 年 9 月</td><td>あなたの立場</td><td>現場代理人</td></tr>
<tr><td rowspan="11">1.事例1</td><td>①工種又は部位等</td><td colspan="4">建具工事</td></tr>
<tr><td rowspan="3">②実施した内容と品質確保のための留意事項</td><td colspan="4">必要開口面積に留意して既存外壁サッシ枠を解体撤去せず、</td></tr>
<tr><td colspan="4">新規アルミサッシをかぶせ工法にて行った。</td></tr>
<tr><td colspan="4"></td></tr>
<tr><td rowspan="3">③実施した内容が施工の合理化となる理由</td><td colspan="4">当初、既存サッシを、躯体の一部をはつり取外し、新規サッシ取付ける</td></tr>
<tr><td colspan="4">方法からかぶせ工法に変更することで、既存サッシの解体がなくなり</td></tr>
<tr><td colspan="4">工期短縮が図れるため。</td></tr>
<tr><td rowspan="3">④③の施工の合理化以外に得られた副次的効果</td><td colspan="4">サッシ解体のはつりやサッシ額の撤去・再取付けも無くなりコスト</td></tr>
<tr><td colspan="4">及び廃棄物の削減となった。</td></tr>
<tr><td colspan="4"></td></tr>
<tr><td rowspan="11">1.事例2</td><td>①工種又は部位等</td><td colspan="4">内装工事</td></tr>
<tr><td rowspan="3">②実施した内容と品質確保のための留意事項</td><td colspan="4">既存床撤去、新規フローリングの張替えの際、床鳴り・不陸部分を</td></tr>
<tr><td colspan="4">下地から調整して、既存フローリングの上から木目調塩ビ床材にて</td></tr>
<tr><td colspan="4">施工した。</td></tr>
<tr><td rowspan="3">③実施した内容が施工の合理化となる理由</td><td colspan="4">既存床撤去において、新設下地が不良部分の取替え・調整のみ</td></tr>
<tr><td colspan="4">となることで、工期短縮が図れるため。</td></tr>
<tr><td colspan="4"></td></tr>
<tr><td rowspan="3">④③の施工の合理化以外に得られた副次的効果</td><td colspan="4">床下地を含めた解体撤去が削減され、場内の解体材が減少して</td></tr>
<tr><td colspan="4">場内整備と廃棄物削減となった。</td></tr>
<tr><td colspan="4"></td></tr>
<tr><td rowspan="4">2.事例1</td><td>①工種又は部位等</td><td colspan="4">仮設工事</td></tr>
<tr><td rowspan="3">②施工の合理化の内容とコスト削減できた理由</td><td colspan="4">体育館の天井張替えの改修工事にて、前面作業足場から移動式足場3基に</td></tr>
<tr><td colspan="4">変更し、その3基を接続して移動にはベビーウインチを使用することで</td></tr>
<tr><td colspan="4">工期短縮とコスト削減が図れた。</td></tr>
<tr><td rowspan="3">2.事例2</td><td>①工種又は部位等</td><td colspan="4">防水工事</td></tr>
<tr><td rowspan="2">②施工の合理化の内容とコスト削減できた理由</td><td colspan="4">既存のウレタン防水層の張替えを劣化・膨れ部分を切取り、補修後に</td></tr>
<tr><td colspan="4">前面塗布防水としたことで工期短縮とコスト削減が図れた。</td></tr>
</table>

■ 解　説

　施工者は設計図書で要求された品質を安全、品質、工程、原価等の管理を行い工期内に実現しなければならない。諸条件（熟練工等の労務者不足など）の中、各現場での施工の合理化は欠かせないが品質の低下に繋がる合理化は絶対に避けなければならない。

　したがって、品質を確保したうえで施工の合理化を行った工事を記載する。

1．実際に行った施工の合理化の内、労務工数の軽減や工程の短縮となった施工の合理化の工種には土工事・鉄筋工事・内装工事など、又は部位にはスラブ支保工・壁軽量鉄骨下地などを記述する。実施した**内容**は実際に行った（工場にて製作した、プレカットしたなど）施工の合理化を具体的に、品質確保のための**留意事項**は出荷前検査、現場の寸法確認などを記述する。

　実施したことが**施工の合理化となる理由**には労務工数軽減や工期短縮となった理由を記載して、合理化以外に得られた**副次的効果**には安全面（高所作業が低減したなど）、コスト面（埋戻しがなくなり等）や廃棄物低減（型枠材の廃棄が削減など）等の労務工数軽減や工期短縮以外の改善された内容を記述する。

2．解答は工事概要で記述した以外の工事の記述でも良い。施工の合理化で品質を確保しながらコスト削減となった事例の工種又は部位等と**合理化の内容**（無足場施工、既存の再利用など）は実際に行った事を記述して、コスト低減できた**理由**（余堀・埋戻しが削減された、廃棄物が削減されたなど）を具体的に記述する。ただし、1で記述した内容や合理化の理由、副次的効果と異なる内容とする。

問題2	1.	事項1	枠組足場の最上層及び5層以内ごとに水平材を設置し、脚部の可動・沈下防止のため合板敷板、根がらみを設置する。
		事項2	壁つなぎを垂直方向9m以下、水平方向8m以下に設け、枠組足場の高さは、原則として、45mを超えないように設置する。
	2.	事項1	傾斜地では、敷板をジャッキフロートの下に設置してポンプ車を水平にセットする。
		事項2	輸送管及び空圧配管の接続部は緩みが生じないように、しっかりと固定する。
	3.	事項1	設置に当たっては水平で堅固な地盤面に行い、壁つなぎをとり倒壊、落下がないようにする。
		事項2	周辺の作業に留意して、作業員及び長尺の資材等が昇降路内に入らないように養生を行う。

解　説

　現場で設置する仮設の設備又は機械を安全に使用するための留意事項を記載するが、保護帽や要求性能落下防止用器具などの保護具の使用、気象条件、資格、免許及び届出に関する記述はしない。

1．外部枠組足場

　外部枠組足場は外部で使用する鋼製足場のうち、鋼管枠を建地として用いる足場で筋かい材、鋼製足場等によって構成される足場のことで、留意事項は以下のようなものがある。

① 専用の筋かいは、全数両側に入れ確実に固定する。筋かいを取りはずす場合、垂直・水平の建物側、外側に単管を使用して補強を行う。

② 高さ20mを超えるとき及び重量物の積載をともなう作業を行うときは、使用する主枠は高さ2m以下とし、かつ、主枠の間隔は、1.85m以下とする。

2．コンクリートポンプ車

　コンクリート圧送に使用される建設機械（車両）のことで、留意事項は以下のようなものがある。

① 地盤は堅固で水平な場所にアウトリガーを最大にしてセットする。ブームで輸送管等の用途外の揚重を禁止し、ブーム直下での作業・立入りを禁止する。

② 圧送管等が閉塞した場合、接続部を切り離そうとするときは、あらかじめ内部圧力を減少させコンクリート等の吹出しを防止する。

3．建設用リフト

建設用リフトとは荷のみを運搬することを目的とするエレベーターのことで、留意事項は以下のようなものがある。

① 積載物の最大重量に応じた荷台面積として、積載物が荷台から出ないように注意する。運転者は機器を上げたまま運転場所から離れてはならない。

② 運転に当たっては一定の合図を定め、合図者を指名して作業を行う。積載荷重の標示を行い昇降路内に入らないように養生を行う。

問題3		箇所番号	適当な語句又は数値		箇所番号	適当な語句又は数値
	1.	①	10	5.	②	根がらみ
	2.	③	ディープウェル	6.	③	30
	3.	②	100	7.	③	内側
	4.	①	25	8.	③	ブローホール

解 説

1．つり足場のつり材は使用材料の種類による安全係数について②③については設問のとおり。安全係数は
　つりワイヤロープ及びつり鋼線は（①7.5ではなく）10以上である。

2．地下水処理における排水工法について①②については設問のとおり。対象となる帯水層が深い場合や帯
　水層が砂礫層である場合には、（③ウェルポイントではなく）ディープウェル工法が採用される。

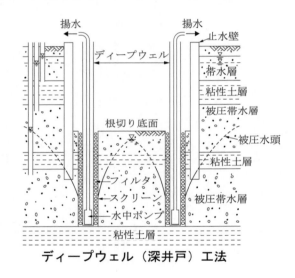

ディープウェル（深井戸）工法

3．既製コンクリート杭の埋込み工法における一般的な施工精度の管理値について①③については設問のと
　おり。杭心ずれ量がD／4以下（Dは杭直径）かつ（②150ではなく）100mm以下である。

4．鉄筋工事において、鉄筋相互のあきなどについて②③については設問のとおり。鉄筋相互のあきは粗骨材の最大寸法の1.25倍、（①20ではなく）**25㎜**である。

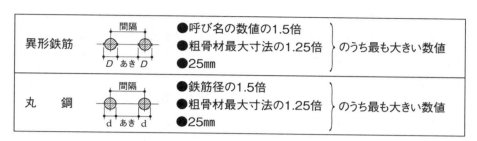

異形鉄筋		●呼び名の数値の1.5倍 ●粗骨材最大寸法の1.25倍 ●25㎜	のうち最も大きい数値
丸　鋼		●鉄筋径の1.5倍 ●粗骨材最大寸法の1.25倍 ●25㎜	のうち最も大きい数値

5．型枠工事における型枠支保工に関して①③については設問のとおり。支柱の脚部の固定及び（②布枠ではなく）**根がらみ**の取付けなどを行う。

6．コンクリートを打設する場合のたて形シュート、斜めシュートに関して①②は設問のとおり。シュートの排出口に漏斗管を設けない場合は、その傾斜角度を水平に対して（③15ではなく）**30**度以上とする。

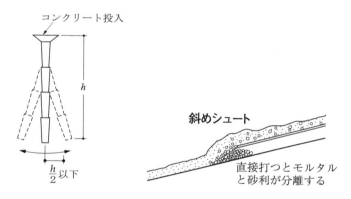

コンクリート投入

$\dfrac{h}{2}$ 以下

斜めシュート

直接打つとモルタルと砂利が分離する

7．溶融亜鉛めっき高力ボルト接合に関して①②については設問のとおり。H形鋼ウェブ接合部のウェブに処理を施す範囲は、添え板が接する部分の添え板の外周から5㎜程度（③**外側**ではなく）**内側**とする。

8．鉄骨の現場溶接作業の防風対策について①②については設問のとおり。風の影響によりシールドガスに乱れが生じると、溶融金属の保護が不完全になり溶融金属内部に（③**アンダーカット**ではなく）**ブローホール**が生じてしまう。

問題4	1.	1	1枚張りでは、手でもみ込むようにして押え目地部に接着剤がはみ出すようにする。
		2	タイル張り中、タイル表面に付いた接着剤は、その都度布で拭き取る。
	2.	1	タイトフレームへのボルト留めの穴はボルト径より0.5mm以上大きくしない。
		2	壁取合い部の雨押えは150mm以上立ち上げる。
	3.	1	中央部から張り始めて順次四周に向かって張り、周囲に端物を持ってくる。
		2	天井割り付けで、周囲の端物は規格材の1／2以上の寸法になるよう割付ける。
	4.	1	吹付け発砲には施工技術が必要なため、専門業者にて施工管理を行う。
		2	表面の平滑性が得にくいため、厚さの確認は低い位置での測定とする。

■ 解 説

　各項目における施工上の留意事項を記述するが、材料（仕様、品質、保管等）、作業環境（騒音、振動、気象条件等）及び作業員の安全に関することは記述しない。

1．タイル工事における有機系接着剤を用いる外壁タイル張りの施工上の留意事項は以下のようなものがある。（ただし、下地及びタイルの割付けに関する記述は行わない。）
　①　接着剤の1回の塗布面積の限度は30分以内に張り終える面積とする。
　②　タイル接着剤は平坦に塗付後、クシ目ごてにて壁面に60°でくし目を立てる。

2．屋根工事における金属製折板屋根葺の施工上の留意事項は以下のようなものがある。
　①　折板の流れ方向には、継手を設けない。
　②　重ね形の折板は山ごとにタイトフレームに固定する。

3．内装工事における天井仕上げとしてロックウール化粧吸音板を、せっこうボード下地に張る施工上の留意事項は以下のようなものがある。（ただし、下地に関する記述は行わない。）
　①　せっこうボードとの目地は50mm以上離して合わないようにする。
　②　接着剤の塗布は15点以上の点付とし、ステープルの浮きがないかを確認する。

4．断熱工事における吹付け硬質ウレタンフォームの吹付けを行うときの施工上の留意事項は以下のようなものがある。（ただし、下地に関する記述は行わない。）
　①　吹付け厚さはスラブ・壁は5㎡に1か所以上確認ピンにて行う。
　②　表面の平滑性が得にくいため、断熱材の厚さは凹部の薄い位置での測定とする。

問題5	1.	作業内容	壁ビニルクロス張り （ビニルクロス張り）	2.	フリーフロート	2日
	3.	総所要日数	24日	4.	あ（人数）	3
		工事完了日	3月15日		い（人数）	2

■ 解 説

　事務所ビルの仕上げ工程に関する問題で工区を2つに分けている同一作業では、A工区が完了後、B工区が行われる事に留意して各設問に対応する。

1. 作業A4・作業B4の作業内容は作業A3・B3（システム天井組立て）後で作業A5・B5（フリーアクセスフロア敷設）の前作業で有り、作業内容表に記されている作業から壁の仕上げ作業と判断出来る。工事概要から仕上げは「ビニルクロス仕上げ」と記載しているため作業は「**壁ビニルクロス張り（ビニルクロス張り）**」となる。

2. B2のフリーフロートは下図のとおり**2日**。

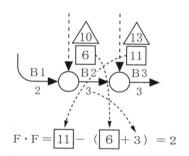

$$F \cdot F = \boxed{11} - (\boxed{6} + 3) = 2$$

3. 条件より総所要日数（クリティカルパス）は下図のとおり**24日**。

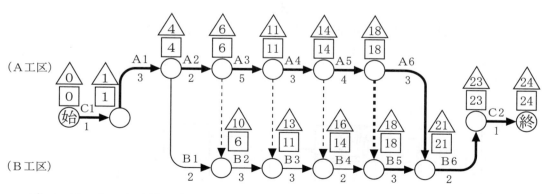

△　最遅終了時刻（LFT）

□　最早開始時刻（EST）

➡　クリティカルパス

工事開始日を令和3年2月8日（月）として実働24日を条件（作業休止日：土曜日・日曜日・祝日）により暦日換算すると2月の作業可能日（28日－7日－休止日8日＝13日）、

　　したがって、3月の必要実働日24日－13日＝11日で、土・日が2回＝4日挟むので11日＋4日＝完了日**3月15日**。

4. 作業B2・作業B4のフリーフロートを使用して作業人員を少なくすると下図のとおりB2は**3人**、B4は**2人**となる。

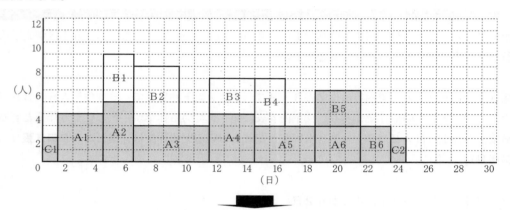

作業B2と作業B4を「山均し（山崩し）」する

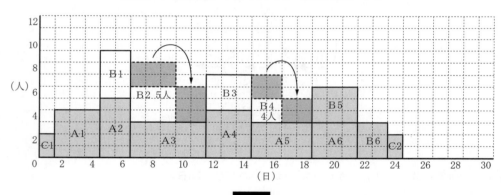

作業B2と作業B4のフリーフロートを使用し作業人員を少なくする

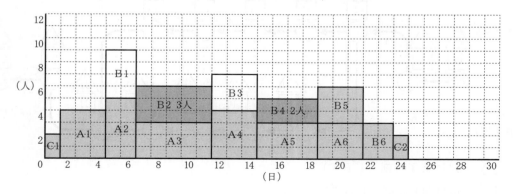

問題6	1.	①	20	②	特約
	2.	③	点検	④	沈下
	3.	⑤	危険	⑥	教育

▶ 解 説

1．建設業法　第24条の4（検査及び引渡し）

　元請負人は、下請負人からその請け負った建設工事が完成した旨の通知を受けたときは、当該通知を受けた日から**20**日以内で、かつ、できる限り短い期間内に、その完成を確認するための検査を完了しなければならない。

　元請負人は、前項の検査によって建設工事の完成を確認した後、下請負人が申し出たときは、直ちに、当該建設工事の目的物の引渡しを受けなければならない。ただし、下請契約において定められた工事完成の時期から20日を経過した日以前の一定の日に引渡しを受ける旨の**特約**がされている場合には、この限りでない。

2．建築基準法施行令　第136条の3（根切り工事、山留め工事等を行う場合の危害の防止）

　建築工事等における根切り及び山留めについては、その工事の施工中必要に応じて**点検**を行ない、山留めを補強し、排水を適当に行なう等これを安全な状態に維持するための措置を講ずるとともに、矢板等の抜取りに際しては、周辺の地盤の**沈下**による危害を防止するための措置を講じなければならない。

3．労働安全衛生法　第10条（総括安全衛生管理者）

　事業者は、政令で定める規模の事業場ごとに、厚生労働省令で定めるところにより、総括安全衛生管理者を選任し、その者に安全管理者、衛生管理者又は第25条の2第2項の規定により技術的事項を管理する者の指揮をさせるとともに、次の業務を統括管理させなければならない。

一　労働者の**危険**又は健康障害を防止するための措置に関すること。

二　労働者の安全又は衛生のための**教育**の実施に関すること。

三　健康診断の実施その他健康の保持増進のための措置に関すること。

四　労働災害の原因の調査及び再発防止対策に関すること。

五　前各号に掲げるもののほか、労働災害を防止するため必要な業務で、厚生労働省令で定めるもの

令和元年度

1級 建築施工管理技術 検定試験

実地試験

問　題

問題1 　建築工事の施工者は、設計図書等に基づき、要求された品質を実現させるため、施工技術力、マネジメント力等を駆使し、確実に施工することが求められる。

　　あなたが経験した**建築工事**のうち、要求された品質を実現するため、品質管理計画に基づき、**品質管理**を行った工事を1つ選び、工事概要を具体的に記述したうえで、次の1．及び2．の問いに答えなさい。

　　なお、**建築工事**とは、建築基準法に定める建築物に係る工事とし、建築設備工事を除くものとする。

〔工事概要〕

イ．工　事　名

ロ．工　事　場　所

ハ．工　事　の　内　容 　新築等の場合：建物用途、構造、階数、延べ面積又は施工数量、
　　　　　　　　　　　　 　　　　　　　　主な外部仕上げ、主要室の内部仕上げ
　　　　　　　　　　　　 　改修等の場合：建物用途、建物規模、主な改修内容及び施工数量

ニ．工　　　　　期 　（年号又は西暦で年月まで記入）

ホ．あなたの立場

1．工事概要であげた工事で、あなたが重点的に**品質管理**を実施した事例を**2つ**あげ、次の①から③について具体的に記述しなさい。

　　ただし、**2つの事例の工種名**は同じでもよいが、他はそれぞれ異なる内容の記述とする。

①　**工種名、要求された品質**及びその品質を実現させるために設定した**品質管理項目**

②　①の品質管理項目を**設定した理由**

③　①の品質管理項目について、**実施した内容**及び**留意した内容**

2．工事概要にあげた工事にかかわらず、あなたの今日までの工事経験に照らして、次の①、②について具体的に記述しなさい。

　　ただし1．③と同じ内容の記述は不可とする。

①　作業所において、組織的な品質管理を行うための**方法や手段**

②　①の方法や手段で組織的な品質管理を行うことによって得られる**効果**

問題1 【解答欄】

工事概要	工 事 名		
	工 事 場 所		
	工事の内容		
	工 期	年 月～ 年 月	あなたの立場

問題1	1. 事例1	①	工種名	
			要求された品質	
			品質管理項目	
		②設定した理由		
		③実施した内容 及び 留意した内容		
	1. 事例2	①	工種名	
			要求された品質	
			品質管理項目	
		②設定した理由		
		③実施した内容 及び 留意した内容		
	2. 事例1	方法や手段		
		効果		

127

問題2 次の1. から3. の建築工事における仮設物について、設置計画の作成に当たり**検討すべき事項**を、それぞれ2つ、**留意点**とともに具体的に記述しなさい。

　ただし、解答はそれぞれ異なる内容の記述とし、申請手続、届出及び運用管理に関する記述は除くものとする。また、使用資機材に不良品はないものとする。

1. 荷受け構台

2. 鋼板製仮囲い（ゲート及び通用口を除く）

3. 工事用エレベーター

問題2 【解答欄】

問題2	1.	事項1	
		事項2	
	2.	事項1	
		事項2	
	3.	事項1	
		事項2	

問題3　次の1. から4. の問いに答えなさい。

　　ただし、解答はそれぞれ異なる内容の記述とし、材料の保管、作業環境（騒音、振動、気象条件等）及び作業員の安全に関する記述は除くものとする。

1. 山留め支保工において、地盤アンカーを用いる場合の施工上の**留意事項**を2つ、具体的に記述しなさい。

　　ただし、山留め壁に関する記述は除くものとする。

2. 鉄筋工事において、鉄筋の組立てを行う場合の施工上の**留意事項**を2つ、具体的に記述しなさい。

　　ただし、鉄筋材料、加工及びガス圧接に関する記述は除くものとする。

3. 普通コンクリートを用いる工事において、コンクリートを密実に打ち込むための施工上の**留意事項**を2つ、具体的に記述しなさい。

　　ただし、コンクリートの調合及び養生に関する記述は除くものとする。

4. 鉄骨工事において、建入れ直しを行う場合の施工上の**留意事項**を2つ、具体的に記述しなさい。

　　ただし、アンカーボルト及び仮ボルトに関する記述は除くものとする。

問題3　【解答欄】

問題3	1.	1	
		2	
	2.	1	
		2	
	3.	1	
		2	
	4.	1	
		2	

問題4 次の１．から８．の各記述において、記述ごとの①から③の下線部の語句又は数値のうち**最も不適当な箇所番号**を１つあげ、**適当な語句又は数値**を記入しなさい。

１．アスファルト防水密着工法において、出隅及び入隅は平場部のルーフィング類の張付けに先立ち、幅300mm程度のストレッチルーフィングを増張りする。
①

また、コンクリートスラブの打継ぎ部は、絶縁用テープを張り付けた上に、幅300mm程度のストレッチルーフィングを増張りする。
②

なお、流し張りに用いるアスファルトは、環境対応低煙低臭型防水工事用アスファルトとし、溶融温度の上限は、300℃とする。
③

２．セメントモルタルによる外壁タイル後張り工法において、マスク張りでは、張付けモルタルを塗り付けたタイルは、塗り付けてから60分を限度に張り付ける。
①

また、モザイクタイル張りでは、張付けモルタルを２層に分けて塗り付けるものとし、１層目はこて圧をかけて塗り付ける。
②

なお、外壁タイル張り面の伸縮調整目地の位置は、一般に縦目地を３m内外に割り付け、横目地を各階ごとの打継ぎ目地に合わせる。
③

３．金属製折板葺きにおいて、タイトフレームの受梁への接合は、下底の両側を隅肉溶接とし、隅肉溶接のサイズを受梁の板厚と同じとする。
①

また、水上部分の折板と壁との取合い部に設ける雨押えは、壁際立上りを150mm以上とする。
②

なお、重ね形折板の端部の端あき寸法は、50mm以上とする。
③

４．軽量鉄骨壁下地のランナー両端部の固定位置は、端部から50mm内側とする。ランナーの固定間隔は、ランナーの形状及び断面性能、軽量鉄骨壁の構成等により900mm程度を限度とする。
①　　　　　　　　　　　　　　　　　　　　　　　　　　　　　　　　　　　②

また、上部ランナーの上端とスタッド天端の間隔は10mm以下とし、スタッドに取り付けるスペーサーの間隔は1,200mm程度とする。
③

5. 仕上げ材の下地となるセメントモルタル塗りの表面仕上げには、金ごて仕上げ、木ごて仕上げ、はけ引き仕上げのほか、くし目引き仕上げがあり、その上に施工する仕上げ材の種類に応じて使い分ける。
①

　一般塗装下地、壁紙張り下地の仕上げとして、金ごて仕上げを用い、セメントモルタルによるタイル張付け下地の仕上げとして、はけ引き仕上げを用いる。
②
③

6. 防火区画に用いる防煙シャッターは、表面がフラットでガイドレール内での遮煙性を確保できるインターロッキング形のスラットが用いられる。
①

　また、まぐさの遮煙機構は、シャッターが閉鎖したときに漏煙を抑制する構造で、その材料は不燃材料、
②
準不燃材料又は難燃材料とし、座板にアルミニウムを使用する場合には、鋼板で覆う。
③

7. 素地ごしらえのパテ処理の工法には、パテしごき、パテかい、パテ付けの3種類がある。このうち、
パテしごきは、面の状況に応じて、面のくぼみ、すき間、目違い等の部分を平滑にするためにパテを塗る。
①

　また、パテかいは、局部的にパテ処理するもので、素地とパテ面との肌違いが仕上げに影響するため、
②
注意しなければならない。

　なお、パテ付けは、特に美装性を要求される仕上げの場合に行う。
③

8. せっこう系直張り用接着材によるせっこうボード直張り工法において、直張り用接着材は、2時間以内
①
で使い切れる量を、たれない程度の硬さに水と練り合わせ、ボードの仕上がりまでの寸法の2倍程度の高
②
さにダンゴ状に盛り上げる。

　また、ボードの張付けにおいては、ボード圧着の際、ボード下端と床面との間を10mm程度浮かした状態
③
で圧着し、さらに調整定規でたたきながら、所定の仕上げ面が得られるように張り付ける。

問題4 【解答欄】

		箇所番号	適当な語句又は数値		箇所番号	適当な語句又は数値
問題4	1.			5.		
	2.			6.		
	3.			7.		
	4.			8.		

問題5 市街地での事務所ビルの建設工事において、各階を施工量の異なるA工区とB工区に分けて工事を行うとき、右の躯体工事工程表（3階柱、4階床梁部分）に関し、次の1. から4. の問いに答えなさい。

　工程表は作成中のもので、検査や設備関係の作業については省略している。

　各作業の内容は作業内容表のとおりであり、Aで始まる作業名はA工区の作業を、Bで始まる作業名はB工区の作業を示すが、作業A2及び作業B2については作業内容及び担当する作業班を記載していない。

　なお、各作業班は、各工区ごとに確保できているものとする。

　また、各作業は一般的な手順に従って施工し、各作業班は複数の作業を同時に行わず、先行する作業が完了してから後続の作業を開始するものとする。

〔工事概要〕

用　　　途：事務所

構造・規模：鉄筋コンクリート造、地下1階、地上6階、延べ面積3,200㎡

　　　　　　鉄筋コンクリート製の壁はなく、階段は鉄骨造で別工程により施工する。

外　　　壁：ALCパネル

1. 作業A2及び作業B2の**作業内容**を記述しなさい。

2. 作業B7の**フリーフロート**を記入しなさい。

3. ㊋から㊗までの**総所要日数**と、工事を令和元年10月23日（水曜日）より開始するときの**工事完了日**を記入しなさい。

　　ただし、作業休止日は、土曜日、日曜日、祝日、振替休日のほか、雨天1日とする。

　　なお、10月23日以降年末までの祝日は、文化の日（11月3日）と勤労感謝の日（11月23日）である。

4. 工事着手に当たり、各作業班の手配状況を確認したところ、型枠作業班が1班しか手配できないため、1班で両工区の作業を行うこととなった。

　　この時に、次の記述の　　　　に当てはまる語句又は数値をそれぞれ記入しなさい。

　　工程の見直しに当たって、型枠作業班は同じ工区の作業を続けて行うこととしたため、作業B3は、作業B2の完了後で作業　あ　の完了後でないと開始できないこととなる。

　　このため、作業休止日が同じ場合、工事完了日は当初工程より暦日で　い　日遅れることとなる。

132

躯体工事工程表（3階柱、4階床梁部分）

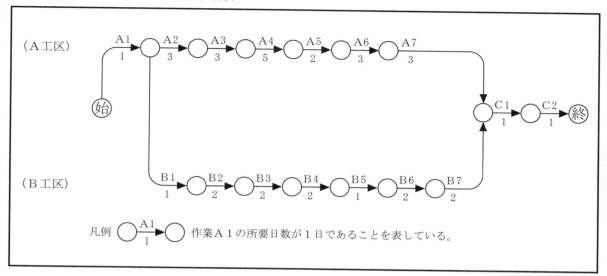

凡例　作業A1の所要日数が1日であることを表している。

作業内容表

作　業　名	作　業　内　容	担当する作業班
A1、B1	3階墨出し	墨出し作業班
A2、B2	▭	▭
A3、B3	柱型枠の組立て	型枠作業班
A4、B4	梁型枠の組立て（梁下支保工を含む）	型枠作業班
A5、B5	フラットデッキの敷設	型枠作業班
A6、B6	梁の配筋	鉄筋作業班
A7、B7	床の配筋	鉄筋作業班
C1	清掃及び打込み準備（A工区及びB工区）	清掃準備作業班
C2	コンクリート打込み（A工区及びB工区）	打込み作業班

問題5 【解答欄】

問題5	1.	作業内容		2.	フリーフロート	
	3.	総所要日数		4.	あ（作業名）	
		工事完了日			い（遅延日数）	

133

問題6 次の1．から3．の問いに答えなさい。

1．「建設業法」に基づく主任技術者及び監理技術者の職務等に関する次の文章において、 ☐☐☐ に当てはまる語句を記入しなさい。

　　主任技術者及び監理技術者は、工事現場における建設工事を適正に実施するため、当該建設工事の ☐①☐ の作成、工程管理、品質管理その他の技術上の管理及び当該建設工事の施工に従事する者の技術上の ☐②☐ の職務を誠実に行わなければならない。

2．「建築基準法施行令」に基づく落下物に対する防護に関する次の文章において、 ☐☐☐ に当てはまる語句又は数値を記入しなさい。

　　建築工事等を行なう場合において、建築のための工事をする部分が工事現場の境界線から水平距離が ☐③☐ m以内で、かつ、地盤面から高さが7m以上にあるとき、その他はつり、除却、外壁の修繕等に伴う落下物によって工事現場の周辺に危害を生ずるおそれがあるときは、国土交通大臣の定める基準に従って、工事現場の周囲その他危害防止上必要な部分を ☐④☐ 又は帆布でおおう等落下物による危害を防止するための措置を講じなければならない。

3．「労働安全衛生法」に基づく特定元方事業者等の講ずべき措置に関する次の文章において、 ☐☐☐ に当てはまる語句を記入しなさい。

　　特定元方事業者は、その労働者及び関係請負人の労働者の作業が同一の場所において行われることによって生ずる ☐⑤☐ を防止するため、 ☐⑥☐ の設置及び運営を行うこと、作業間の連絡及び調整を行うこと、作業場所を巡視すること、関係請負人が行う労働者の安全又は衛生のための教育に関する指導及び援助を行うこと等に関する必要な措置を講じなければならない。

問題6 【解答欄】

問題6	1.	①		②	
	2.	③		④	
	3.	⑤		⑥	

令和元年度

1級 建築施工管理技術検定試験

実地試験

解答例・解説

工事概要	工　事　名		○○金町マンション新築工事		
	工事場所		東京都葛飾区東金町○丁目○番○号		
	工事の内容		共同住宅、鉄筋コンクリート造、地上8階、延べ面積：1,890㎡、		
			外壁45二丁掛けタイル張り、屋上：アスファルト露出防水、		
			床：フローリング張り、壁・天井：ＰＢ下地ビニルクロス張り		
	工　　期		2018 年 4 月～ 2019 年 3 月	あなたの立場	工事主任

問題1	1.事例1		工種名	コンクリート工事	
		①	要求された品質	耐久性のあるコンクリート躯体	
			品質管理項目	コンクリートの打設管理	
			②設定した理由	コンクリートのひび割れ発生等をコンクリートの打設管理により防ぐこ とで、密実なコンクリートが打設されて耐久性が確保できるため。	
			③実施した内容 及び 留意した内容	担当者を定め、高周波バイブレーターで綿密に叩き締め、昼休みも連続 打設し、コールドジョイントを防止するように留意した。	
	1.事例2		工種名	左官工事	
		①	要求された品質	露出防水の下地精度	
			品質管理項目	屋根勾配の平滑性の確保	
			②設定した理由	勾配屋根は、コンクリートを打設する時の天端均しの不陸等が水たまり の原因になるため、平滑性が施工品質の確保となるため。	
			③実施した内容 及び 留意した内容	コンクリート打設前、勾配に留意して金物を取付け、それに合わせて定 規でレベルを取りコンクリートの均しを実施した。	
	2.事例1		方法や手段	標準仕上室を先行して作り、納まりや仕上げ方法を具体的に見てから作 業に当たらせた。また、その仕上げを検査員の合格基準とさせた。	
			効果	実物により仕上がりや納まりが統一され、高品質の建物となった。作業 員が標準を確認出来るため、手戻りが少なくなった。	

工事概要	工 事 名	□□ビル新築工事			
	工 事 場 所	東京都小金井市○○町○丁目○番○号			
	工事の内容	事務所、Ｓ造、地上７階、延べ面積：5,766㎡			
		外壁：アルミカーテンウォール、事務所床：フリーアクセスフロア			
		下地、タイルカーペット敷き、壁：せっこうボード下地塗装仕上げ			
	工 期	2017 年 9 月～2018 年 12 月	あなたの立場	工事主任	

問題1	1.事例1	①	工種名	杭工事（既製杭）
			要求された品質	杭が支持層に確実に到達されていること
			品質管理項目	支持層の確認
		②設定した理由		杭の支持層未到達は、建物の重大な不具合につながるおそれがあるため。
				また、過去に杭工事の不備が大きな社会問題となったため。
		③実施した内容及び留意した内容		支持層まで掘削後、柱状図と対比して電流値・掘削音などで支持層到達を確認した。予定掘削長と掘削深さも確認するよう留意した。
	1.事例2	①	工種名	カーテンウォール工事
			要求された品質	水密性能Ｗ－5が確保されていること
			品質管理項目	先行シールの確実な施工
		②設定した理由		ノックダウン方式のアルミカーテンウォールでは、ガラスはめ込み前に施工する先行シールの品質が水密性能に影響を与えるため。
		③実施した内容及び留意した内容		先行シール部分のシーリング打設を確認してガラスはめを行った。初回の施工時に関係者を集め確認して、先行シールに抜けがないよう留意した。
	2.事例1	方法や手段		作業所で開催する設計図書検討会などの現場打合せに、店社関連部署も参画し、問題点の抽出、対策の検討を実施する。
		効果		作業所だけでは見落としがちな問題点を抽出することができる。社内基準の徹底により、作業所間の品質のばらつきがなくなった。

工事概要	工　事　名	△△独身寮改修工事		
	工事場所	千葉県市川市新田○丁目○番○号		
	工事の内容	独身寮、RC造3階、延べ面積：1,627㎡		
		外壁：塗替え、屋上アスファルト防水改修、		
		床：フローリング張り、壁・天井：PB下地ビニルクロス張り		
	工　　期	平成30年10月～平成31年1月	あなたの立場	工事主任

問題1	1. 事例1		工種名	内装工事
		①	要求された品質	精度の高い壁下地
			品質管理項目	下地調整とGL工法の精度確保
		②設定した理由		既存のGL壁下地の精度が低く張り直し後の下地厚さ25㎜を既存解体で
				下地調整しなければ精度の高い壁下地とならないため。
		③実施した内容及び留意した内容		既存プラスターボード撤去後、25㎜の下地厚さに留意して既存GLボンドを削り取り、新規GL壁の精度を確保する下地とした。
	1. 事例2		工種名	金属工事
		①	要求された品質	天井材の精度と強度
			品質管理項目	天井下地の適正配置
		②設定した理由		天井下地用インサートの再使用と間仕切り変更に伴う強度・精度の確保のため壁際インサートの適正配置が必要なため。
		③実施した内容及び留意した内容		間仕切り設置後の天井インサートの位置に留意して、壁際から150㎜以内に有効なインサートがない箇所は後施工アンカーにて補填した。
	2. 事例1	方法や手段		作業所内で統一したチェックシートを使用して作業後サインして次工程に引渡し、次工程者は作業前に確認してサインするダブル確認とした。
		効果		各作業者は統一されたチェックシートで作業前、作業後の確認をして次工程に進めるため、手戻りが減少して工期が短縮できた。

1．建築工事の施工者に求められているのは、設計図書等に基づき、要求された品質を実現させるための施工技術力、マネジメント力等を駆使し、品質管理計画に基づき、**品質管理**を確実に施工することである。

　　品質管理計画では設計図書等で**要求された品質**（例：耐久性のある躯体、ひずみの無い鉄骨躯体、防水下地の躯体精度、耐久性のある防水層……）を実現させるため重点的に品質管理を実施させる**品質管理項目**（例：コンクリートの打設管理、建方精度の確保、防水下地の勾配と平滑性の確保……）を設定するが、設問では**その理由**（〔品質管理項目：要求品質とのつながりを具体的に記入〕……により〔要求された品質：具体的に明記〕……が確保できるため）、**実施した内容**（実際に行った内容を具体的に数値等入れて記入）および**留意した内容**（〔実施した内容で留意した事を記入〕……に留意して）を記述する。

2．組織的な品質管理とは作業所として又は店社として担当者が変わっても同一の品質管理が実施出来る事を求めているため**方法や手段**は組織的に標準化されている手順やアイテム（チェックシート・リスト、手順書など）により実施した内容を具体的に記入する。組織的な品質管理によって得られた**効果**についても、具体的に記入して「……基準値内にて完了した。」、「……手戻りなく完了した。」等で効果が分り易くなるように表現する。

問題2	1.	事項1	躯体材料、仕上げ材料、設備工事用材料など多種の材料の揚重に使用するので、揚重材料に応じて検討する。
		事項2	設置位置は、建物内への資機材の搬出入を考慮して、荷受け構台の設置位置を検討する。 部材は、積載荷重に留意する。
	2.	事項1	工事現場内からの雨水等が流出しないように、すき間のないような構造とする。
		事項2	倒壊防止対策として、支柱間隔を適切に保持し、控えパイプ及び埋込み材を固定することを検討する。
	3.	事項1	工事用エレベーターの停止階には、必ず出入口及び荷台との遮断設備を設ける。
		事項2	工事用エレベーターの昇降路は積み荷の落下、飛散がないように外周をネット等で養生する。

■ 解　説

　仮設物について設置計画の作成に当たり**検討すべき事項**を、それぞれ２つ、**留意点とともに**具体的に記述する。設問より、解答はそれぞれ異なる内容の記述とし、申請手続、届出及び運用管理に関する記述は除き、使用資機材に不良品はないものとする。それぞれの記述のポイントは下記による。

1．荷受け構台

　検討すべき事項は、荷受け構台を使用する資機材の規模・寸法形状、構台の位置、大きさ、積載荷重等。

　留意点は、建物内への搬出入の方法、構成部材、積載荷重等。

〈その他の解答例〉

●本体鉄骨を利用して設置する場合、強度確認を実施し積載荷重の表示等に留意する。

●枠組み・単管での荷受け構台の脚部の沈下防止措置・滑動防止措置に留意する。

●揚重資機材の重量、荷受け構台に作用する風圧力等に十分耐えられる構造とする。

●揚重資機材の取込みやその後の水平運搬に適した位置に設ける。

●移設を行う場合は、組立・解体が容易な構造・仕様とする。

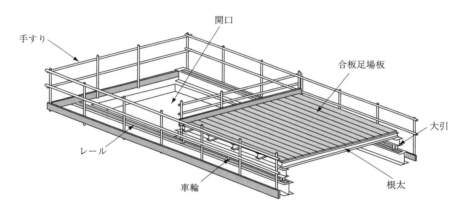

移動式ステージの例

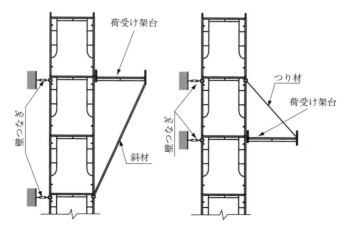

外部足場に荷受け構台を設置する例

2．鋼板製仮囲い（ゲート及び通用口を除く）

検討すべき事項は設置高さ、設置範囲、現場内からの雨水等の流出防止、幅木などの設置、風圧による倒壊防止対策等。

留意点は隙間のない構造、支柱間隔、埋め込み材の固定等。

〈その他の解答例〉

●工事期間に見合った耐力を有し、強風を受けても倒れない構造とする。

●工事内での飛散物や落下物が現場内から出ないよう、すき間のない構造とする。

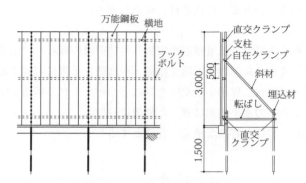

万能鋼板による仮囲い計画例

3．工事用エレベーター

検討すべき事項は積載荷重、揚程、速度、搭乗者の安全確保、昇降路の構造、飛散防止等。

留意点は揚重資機材の重量、搭乗人数、出入口の設置と遮断設備、昇降路の養生（ネット・シート）等。

〈その他の解答例〉

●揚重資材の最大荷重に適応した定格荷重のものを選定する。

●設置場所周辺の作業内容を考慮し、作業員及び長尺の資材等が昇降路内に入らないよう養生囲いを設ける。

【解答例】

問題3	1.	1	地盤アンカーの引抜き力は、設計アンカー力の1.1倍以上とする。
		2	地盤アンカーは当該敷地から出ないように留意する。
	2.	1	鉄筋相互間のあき等が確実に確保されているか留意する。
		2	スペーサーが適切な箇所に配置されているか留意する。
	3.	1	棒形振動機は60cm以下の間隔で挿入するよう留意する。
		2	コンクリートの打重ね時間は、25℃以上で120分以内になるように留意する。
	4.	1	建入れ直しの加力によって損傷しないように留意する。
		2	建入れ直しは、小区画に区切って行うように留意する。

◢ 解 説 ◢

　ただし書きのとおり、**材料の保管**、**作業環境**（騒音、振動、気象条件等）及び**作業員の安全**に関する記述は行わないこと。

1. 山留め支保工において、**地盤アンカーを用いる場合の施工上の留意事項**は以下のとおり。

　　ただし、山留め壁に関する記述は行わない。

　・地盤アンカーの引き抜き耐力に留意し、全数が設計アンカー力の1.1倍以上か確認する。

　・地盤アンカーの打込み角度及び実長に留意し当該敷地から出ないように留意する。

　・敷地から出る場合は事前の了承が必要になるので留意する。

　・軟弱地盤は施工が出来ないため打込む地盤に留意する。

　・地下水の流れが速い場合（3m/min程度）は施工に不適なので流速に留意する。

　・被圧水が高い場合は施工に十分な強度が得られないため被圧水に留意する。

2. 鉄筋工事において、**鉄筋の組立てを行う場合の施工上の留意事項**の例は以下のとおり。

　　ただし、鉄筋材料、加工及びガス圧接に関する記述は行わない。

　・鉄筋相互間のあき、間隔の寸法、定着長さが確実に確保されているか留意する。

　・かぶり厚さを確保するスペーサーが適切な箇所に配置されているか留意する。

　・継手部分や交差部の要所はずれ等に留意して径0.8mm以上の鉄線で結束する。

　・スラブのスペーサーは転倒や作業荷重に留意して原則鋼製とする。

3. 普通コンクリートで、**コンクリートを密実に打ち込むための施工上の留意事項**の例は以下のとおり。

　　ただし、コンクリートの調合及び養生に関する記述は行わない。

　・棒形振動機は60cm以下の間隔で垂直に挿入し鉄筋等に接触しないよう留意する。

　・打重ね時間はコールドジョイントができないように、再振動可能時間に留意する。

　・コンクリートは落下や横流しによる分離に留意し、その占める位置に筒先を近づけて打込む。

　・スラブ上の棒状振動機、スラブ下の叩き等人員配置に留意して、打設を行う。

　・前日の型枠の水洗い及びドライアウトに留意した当日の水しめらせの実施。

4．鉄骨工事において、**建入れ直しを行う場合の施工上の留意事項**の例は以下のとおり。
　　ただし、アンカーボルト及び仮ボルトに関する記述は行わない。
・建入れ直しのために加力するときは、加力部分が損傷しないように留意する。
・建方の進行とともに、できるだけ小区画に区切って行うように留意する。
・目標値（±5㎜前後）に留意して各節の建方完了後に実施する。
・建入れ直しの基準となる建方精度の測定は温度の影響に留意して一定時刻に実施する。

問題4		箇所番号	適当な語句又は数値		箇所番号	適当な語句又は数値
	1.	③	240	5.	③	木ごて
	2.	①	直ちに	6.	①	オーバーラッピング
	3.	①	タイトフレーム	7.	①	パテかい
	4.	③	600	8.	①	1

解　説

1. アスファルト防水密着工法については①②は設問のとおり。流し張りに用いるアスファルトは、環境対応低煙低臭型防水工事用アスファルトとし、溶融温度の上限は、（③300ではなく）**240**℃とする。

2. セメントモルタルによる外壁タイル後張り工法について②③は設問のとおり。マスク張りでは、張付けモルタルを塗り付けたタイルは、塗り付けてから（①60分を限度にではなく）**直ちに**張り付ける。

3. 金属製折板葺きについて②③は設問のとおり。タイトフレームの受梁への接合は、下底の両側を隅肉溶接とし、隅肉溶接のサイズを（①受梁ではなく）**タイトフレーム**の板厚と同じとする。

4. 軽量鉄骨壁下地について①②は設問のとおり。スタッドに取り付けるスペーサーの間隔は（③1,200ではなく）**600**㎜程度とする。

5. 仕上げ材の下地となるセメントモルタル塗りについて①②は設問のとおり。タイル張付け下地の仕上げとして、（③はけ引きではなく）**木ごて**仕上げを用いる。

6. 防火区画に用いる防煙シャッターについて②③は設問のとおり。表面がフラットでガイドレール内での遮煙性を確保できる（①インターロッキングではなく）**オーバーラッピング**形のスラットが用いられる。

7. 素地ごしらえのパテ処理の工法について②③は設問のとおり。（①パテしごきではなく）**パテかい**は、面の状況に応じて、面のくぼみ、すき間、目違い等の部分を平滑にするためにパテを塗る。

8. せっこう系直張り用接着材によるせっこうボード直張り工法について②③は設問のとおり。直張り用接着材は、（①2ではなく）**1**時間以内で使い切れる量とする。

問題5	1.	作業内容	柱の配筋	2.	フリーフロート	7日
	3.	総所要日数	22日	4.	あ（作業名）	A5
		工事完了日	11月25日		い（遅延日数）	3

■ 解 説 ■

　ネットワーク工程表にて作成された事務所ビルの躯体工事工程表（3階柱、4階床梁部分）に関する設問で作業内容は表に記載されている。

1. 作業A2及びB2は3階墨出しのあと行う作業のため、一般的に作業内容は**柱の配筋**で作業は「鉄筋作業班」が行う。

2. フリーフロートは**7日**。　　　ＥＳＴ（20）−（ＥＳＴ（11）＋作業日数（2））＝7日

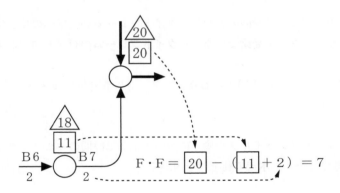

3. ①総所要日数（クリティカルパス）は**22日**。

　　クリティカルパス：㊎→A1→A2→A3→A4→A5→A6→A7→C1→C2→㊡

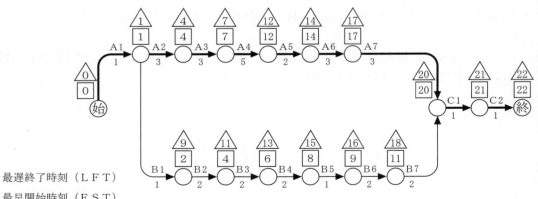

△　最遅終了時刻（ＬＦＴ）
□　最早開始時刻（ＥＳＴ）
→　クリティカルパス

②10月23日（水）開始、したがって10月は31－22＝9日－（休止日2＋雨1）＝6日

　　※残22－6＝16日

　　11月1日（金）から16日＋土日4×2＋振替1＝25　　完了日**11月25日**

4．条件より型枠工事は、型枠作業班がA工区完了後（A5）にB工区（B3）に着手することになり下図
となる。

　　A工区では**A5**完了後はすぐ**A6**に着手出来るので当初の流れに戻る。

　　したがってクリティカルは25日となる。

　　実働3日遅れだが暦日では11月25日＋3（暦日についても土日祝日はなし）日＝11月28日暦日でも3日
遅れとなる。

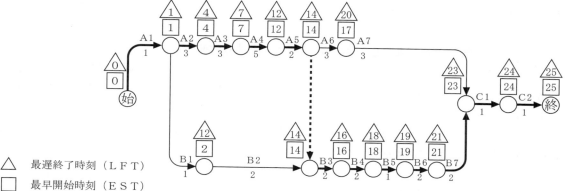

問題6	1.	①	施工計画	②	指導監督
	2.	③	5	④	鉄網
	3.	⑤	労働災害	⑥	協議組織

解 説

1．建設業法　第26条の4（主任技術者及び監理技術者の職務等）

　主任技術者及び監理技術者は、工事現場における建設工事を適正に実施するため、当該建設工事の**施工計画**の作成、工程管理、品質管理その他の技術上の管理及び当該建設工事の施工に従事する者の技術上の**指導監督**の職務を誠実に行わなければならない。

2．建築基準法施行令　第136条の5　第2項（落下物に対する防護）

　建築工事等を行なう場合において、建築のための工事をする部分が工事現場の境界線から水平距離が**5**m以内で、かつ、地盤面から高さが7m以上にあるとき、その他はつり、除却、外壁の修繕等に伴う落下物によって工事現場の周辺に危害を生ずるおそれがあるときは、国土交通大臣の定める基準に従って、工事現場の周囲その他危害防止上必要な部分を**鉄網**又は帆布でおおう等落下物による危害を防止するための措置を講じなければならない。

3．労働安全衛生法　第30条（特定元方事業者等の講ずべき措置）

　特定元方事業者は、その労働者及び関係請負人の労働者の作業が同一の場所において行われることによって生ずる**労働災害**を防止するため、**協議組織**の設置及び運営を行うこと、作業間の連絡及び調整を行うこと、作業場所を巡視すること、関係請負人が行う労働者の安全又は衛生のための教育に関する指導及び援助を行うこと等に関する必要な措置を講じなければならない。

平成 30 年度

1級 建築施工管理技術 検定試験

実地試験

問　題

問題1 建設業においては、高度成長期に大量に建設された建築物の更新や解体工事に伴う建設副産物の発生量の増加が想定されることから、建設副産物対策への更なる取組みが求められている。

あなたが経験した**建築工事**のうち、施工に当たり**建設副産物対策**を施工計画の段階から検討し実施した工事を1つ選び、工事概要を具体的に記述したうえで、次の1．及び2．の問いに答えなさい。

なお、**建築工事**とは、建築基準法に定める建築物に係る工事とし、建築設備工事を除くものとする。

〔工事概要〕

イ．工　事　名

ロ．工　事　場　所

ハ．工　事　の　内　容

新築等の場合：建物用途、構造、階数、延べ面積又は施工数量、
　　　　　　　主な外部仕上げ、主要室の内部仕上げ

改修等の場合：建物用途、建物規模、主な改修内容及び施工数量

ニ．工　　　　期　（年号又は西暦で年月まで記入）

ホ．あなたの立場

1．工事概要であげた工事において、あなたが実施した建設副産物対策に係る**3つ**の事例をあげ、それぞれの事例について、次の①から④を具体的に記述しなさい。

ただし、3つの事例の③及び④はそれぞれ異なる内容の記述とする。

なお、ここでいう①建設副産物対策は、**発生抑制**、**再使用**又は**再生利用**とし、重複して選択してもよい。

①　建設副産物対策（該当するものを1つ◯で囲むこと。）

②　工種名等

③　対策として**実施したこと**と実施に当たっての**留意事項**

④　実施したことによって得られた**副次的効果**

2．工事概要であげた工事にかかわらず、あなたの今日までの工事経験に照らして、1．で記述した内容以外の建設副産物対策として、建設廃棄物の**適正な処理**の事例を**2つ**あげ、対策として**実施したこと**と、それらを適切に実施するための**留意事項**を具体的に記述しなさい。

ただし、2つの事例は異なる内容の記述とする。

工事概要	工　事　名				
	工 事 場 所				
	工事の内容				
	工　　　期	年　　月～　　　年　　月		あなたの立場	

問題1	1.事例1	①建設副産物対策	発生抑制、再使用、再生利用	②工 種 名 等	
		③実施したことと留意事項			
		④副次的効果			
	1.事例2	①建設副産物対策	発生抑制、再使用、再生利用	②工 種 名 等	
		③実施したことと留意事項			
		④副次的効果			
	1.事例3	①建設副産物対策	発生抑制、再使用、再生利用	②工 種 名 等	
		③実施したことと留意事項			
		④副次的効果			
	2.事例1	実施したことと留意事項			
	2.事例2	実施したことと留意事項			

問題2 建築工事における次の1．から3．の災害について、施工計画に当たり事前に検討した災害の発生するおそれのある**状況や作業の内容**と災害を防止するための**対策**を、**それぞれ2つ**具体的に記述しなさい。

　ただし、解答はそれぞれ異なる内容の記述とする。また、要求性能墜落制止用器具や保護帽の使用、朝礼時の注意喚起、点検や整備などの日常管理、安全衛生管理組織、新規入場者教育、資格や免許に関する記述は除くものとする。

1．墜落、転落による災害

2．電気による災害

3．車両系建設機械による災害

問題2 【解答欄】

問題2	1.	事例1	
		事例2	
	2.	事例1	
		事例2	
	3.	事例1	
		事例2	

問題3 次の１．から８．の各記述において、記述ごとの①から③の下線部の語句又は数値のうち**最も不適当な箇所番号**を１つあげ、**適当な語句又は数値**を記入しなさい。

１．平板載荷試験は、地盤の変形や強さなどの支持力特性を直接把握するために実施される。

　試験地盤に礫が混入する場合には、礫の最大直径が載荷板直径の$\frac{1}{3}$程度を目安とし、この条件を満たさない場合は大型の載荷板を用いることが望ましい。

　試験地盤は、半無限の表面を持つと見なせるよう載荷板の中心から載荷板直径の３倍以上の範囲を水平に整地する。

　また、計画最大荷重の値は、試験の目的が設計荷重を確認することにある場合は、長期設計荷重の３倍以上に設定する必要がある。

２．根切り工事において、掘削底面付近の砂質地盤に上向きの浸透流が生じ、この水の浸透力が砂の水中での有効重量より大きくなり、砂粒子が水中で浮遊する状態をクイックサンドという。

　クイックサンドが発生し、沸騰したような状態でその付近の地盤が崩壊する現象をボイリングという。

　また、掘削底面やその直下に難透水層があり、その下にある被圧地下水により掘削底面が持ち上がる現象をヒービングという。

３．場所打ちコンクリート杭地業のオールケーシング工法における掘削は、表層ケーシングを搖動又は回転圧入し、土砂の崩壊を防ぎながら、ハンマーグラブにより掘削する。

　常水面以下に細かい砂層が５ｍ以上ある場合は、表層ケーシングの外面を伝って下方に流れる水の浸透流や搖動による振動によって、周囲の砂が締め固められ表層ケーシングが動かなくなることがあるので注意する。

　支持層の確認は、ハンマーグラブでつかみ上げた土砂を土質柱状図及び土質資料と対比して行う。

４．ガス圧接の技量資格種別において、手動ガス圧接については、１種から４種まであり、２種、３種、４種となるに従って、圧接作業可能な鉄筋径の範囲が大きくなる。

　技量資格種別が１種の圧接作業可能範囲は、異形鉄筋の場合は呼び名D32以下である。

5．鉄筋のガス圧接継手の継手部の外観検査において、不合格となった圧接部の処置は次による。

圧接部のふくらみの直径や長さが規定値に満たない場合は、再加熱し、徐冷して所定のふくらみに修正
①
する。

圧接部の折曲がりの角度が2度以上の場合は、再加熱して修正する。
②

圧接部における鉄筋中心軸の偏心量が規定値を超えた場合は、圧接部を切り取って再圧接する。
③

6．型枠組立てに当たって、締付け時に丸セパレーターのせき板に対する傾きが大きくなると丸セパレータ
ーの破断強度が大幅に低下するので、できるだけ直角に近くなるように取り付ける。
①

締付け金物は、締付け不足でも締付けすぎても不具合が生じるので、適正に使用することが重要である。
締付け金物を締付けすぎると、せき板が内側に変形する。
②

締付け金物の締付けすぎへの対策として、内端太（縦端太）を締付けボルトとできるだけ離す等の方法
③
がある。

7．コンクリートポンプ工法による1日におけるコンクリートの打込み区画及び打込み量は、建物の規模及
①
び施工時間、レディーミクストコンクリートの供給能力を勘案して定める。

コンクリートの打込み速度は、スランプ18cm程度の場合、打込む部位によっても変わるが、20〜30㎥/h
②
が目安となる。

また、スランプ10〜15cmのコンクリートの場合、公称棒径45mmの棒形振動機1台当たりの締固め能力は、
10〜30㎥/h程度である。
③

なお、コンクリートポンプ1台当たりの圧送能力は、20〜50㎥/hである。

8．鉄骨工事におけるスタッド溶接後の仕上がり高さ及び傾きの検査は、100本又は主要部材1本若しくは
①
1台に溶接した本数のいずれか少ないほうを1ロットとし、1ロットにつき1本行う。
②

検査する1本をサンプリングする場合、1ロットの中から全体より長いかあるいは短そうなもの、又は
②
傾きの大きそうなものを選択する。

なお、スタッドが傾いている場合の仕上がり高さは、軸の中心でその軸長を測定する。

検査の合否の判定は限界許容差により、スタッド溶接後の仕上がり高さは指定された寸法の±2mm以内、

かつ、スタッド溶接後の傾きは15度以内を適合とし、検査したスタッドが適合の場合は、そのロットを合
③
格とする。

問題3 【解答欄】

		箇所番号	適当な語句又は数値		箇所番号	適当な語句又は数値
問題3	1.			5.		
	2.			6.		
	3.			7.		
	4.			8.		

次の1．から4．の問いに答えなさい。

　　ただし、解答はそれぞれ異なる内容の記述とし、材料の保管、作業環境（気象条件等）及び作業員の安全に関する記述は除くものとする。

1．屋上アスファルト防水工事において、平場部にアスファルトルーフィング類を張り付ける場合の、施工上の**留意事項**を2つ、具体的に記述しなさい。

　　ただし、下地及び増張りに関する記述は除くものとする。

2．外壁コンクリート面を外装合成樹脂エマルション系薄付け仕上塗材（外装薄塗材E）仕上げとする場合の、施工上の**留意事項**を2つ、具体的に記述しなさい。

　　ただし、材料の調合に関する記述は除くものとする。

3．パラペット天端にアルミニウム笠木を設ける場合の、施工上の**留意事項**を2つ、具体的に記述しなさい。

　　ただし、下地清掃及び防水層に関する記述は除くものとする。

　　なお、パラペットは現場打ちコンクリートとする。

4．外壁下地モルタル面に小口タイルを改良圧着張りとする場合の、施工上の**留意事項**を2つ、具体的に記述しなさい。

　　ただし、下地清掃、張付けモルタルの調合、タイルの割付け及びタイル面洗いに関する記述は除くものとする。

問題4 【解答欄】

問題4	1.	1	
		2	
	2.	1	
		2	
	3.	1	
		2	
	4.	1	
		2	

問題5 市街地での事務所ビルの建設工事において、事務室の内装仕上げ工事について各階を施工量のほぼ等しいA工区とB工区に分けて工事を行うとき、右の内装仕上げ工事工程表（3階部分）に関し、次の1．から3．の問いに答えなさい。

工程表は作成中のもので、検査や設備関係の作業については省略している。

各作業の内容は作業内容表のとおりであり、Aで始まる作業名はA工区の作業を、Bで始まる作業名はB工区の作業を示すが、作業A8及び作業B8については作業内容を記載していない。

なお、各作業は一般的な手順に従って施工されるものとする。

また、各作業を担当する作業班は複数の作業を同時に行わず、各作業は先行する作業が完了してから開始するものとする。

〔工事概要〕

用 途：事務所

構造・規模：鉄筋コンクリート造地下1階、地上6階、延べ面積3,200㎡

仕 上 げ：床は、フリーアクセスフロア下地タイルカーペット仕上げ
間仕切り壁は、軽量鉄骨下地せっこうボード張りクロス仕上げ、ソフト幅木取付け
天井は、システム天井下地吸音板取付け

1．作業A8及び作業B8の**作業内容**を記述しなさい。

2．㊕から㊗までの**総所要日数**を記入しなさい。

ただし、各作業班は工程に影響を及ぼさないだけの班数が確保できているものとする。

また、この日数で工事を行うときに、作業A1及び作業B1について最低限手配すべき**班数**を記入しなさい。

3．作業A3及び作業B3を担当する作業班が1班しか手配できないことが判ったため、工程を見直すこととなった。

このときの、次の記述の　　　　に当てはまる**語句又は数値**をそれぞれ記入しなさい。

作業B3は、作業B2の完了後で作業名　あ　の完了後でないと開始できない。
このため、総所要日数は　い　日、作業B2のフリーフロートは　う　日となる。

平成30年度 試験問題

157

内装仕上げ工事工程表（3階部分）

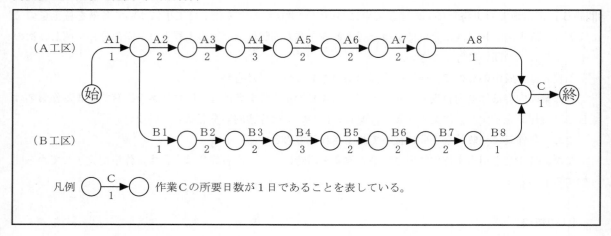

凡例 ◯ —C→ ◯ 作業Cの所要日数が1日であることを表している。

作業内容表

作　業　名	作　業　内　容
A1、B1	3階墨出し
A2、B2	壁軽量鉄骨下地組立て（建具枠を含む）
A3、B3	壁せっこうボード張り
A4、B4	システム天井組立て（吸音板を含む）
A5、B5	壁クロス張り
A6、B6	フリーアクセスフロア敷設
A7、B7	タイルカーペット敷設
A8、B8	［　　　　　　　　　　　］
C	建具の吊込み（A工区及びB工区）

問題5 【解答欄】

問題5	1.	作業内容			3.	あ（作業名）	
	2.	総所要日数				い（総所要日数）	
		班　数				う（フリーフロート）	

問題6 次の1．から3．の問いに答えなさい。

1．「建設業法」に基づく建設工事の見積り等に関する次の文章において、□□□に当てはまる語句を記入しなさい。

　　建設業者は、建設工事の　①　を締結するに際して、工事内容に応じ、工事の種別ごとに材料費、労務費その他の　②　の内訳を明らかにして、建設工事の見積りを行うよう努めなければならない。

2．「建築基準法施行令」に基づく仮囲いに関する次の文章において、□□□に当てはまる語句又は数値を記入しなさい。

　　木造の建築物で高さが13m若しくは軒の高さが9mを超えるもの又は木造以外の建築物で　③　以上の階数を有するものについて、建築、修繕、模様替又は除却のための工事を行う場合においては、工事期間中工事現場の周囲にその地盤面（その地盤面が工事現場の周辺の地盤面より　④　場合においては、工事現場の周辺の地盤面）からの高さが1.8m以上の板塀その他これに類する仮囲いを設けなければならない。ただし、これらと同等以上の効力を有する他の囲いがある場合又は工事現場の周辺若しくは工事の状況により危害防止上支障がない場合においては、この限りでない。

3．「労働安全衛生法」に基づく事業者等の責務に関する次の文章において、□□□に当てはまる語句を記述しなさい。

　　建設工事の注文者等仕事を他人に請け負わせる者は、施工方法、　⑤　等について、安全で衛生的な作業の遂行をそこなうおそれのある　⑥　を附さないように配慮しなければならない。

問題6 【解答欄】

問題6	1.	①		②	
	2.	③		④	
	3.	⑤		⑥	

平成30年度

1級 建築施工管理技術検定試験

実地試験

解答例・解説

工事概要	工　事　名	○○○ハイツ新築工事			
	工　事　場　所	千葉県市川市市川南○丁目○番○号			
	工事の内容	共同住宅、ＲＣ造、地上４階、延べ面積1,680㎡、			
		外壁：45二丁掛タイル張り、屋上断熱防水、			
		床：フローリング張り、壁及び天井：ＰＢビニルクロス張り			
	工　　　　期	2017 年 4 月～ 2017 年 11 月	あなたの立場		工事主任
問題1	1.事例1	①建設副産物対策	発生抑制、再使用、再生利用	②工種名等	型枠工事
		③実施したことと留意事項	耐圧盤の木製型枠材の廃棄物を抑制するため、耐圧盤の周囲の木製型枠を鋼製型枠パネルに変更し、割り付けに留意した。		
		④副次的効果	打設面の仕上りも良好で、現場での型枠加工作業も少なくなり作業環境も改善され、工程も短縮できた。		
	1.事例2	①建設副産物対策	発生抑制、再使用、再生利用	②工種名等	造作工事
		③実施したことと留意事項	クローゼット造作用合板の残材が汚れないように留意し、残材を壁仕上げ後のコーナーや建具枠の養生材として再使用した。		
		④副次的効果	既製のプラスチック養生材に替えて合板の残材を再使用し、養生することで、コスト面での圧縮にも繋がった。		
	1.事例3	①建設副産物対策	発生抑制、再使用、再生利用	②工種名等	地業工事
		③実施したことと留意事項	基礎・土間下の地業には杭が有り、土間の配筋がスラブ配筋であることに留意し、切込み砕石材を再生クラッシャランに変更して施工した。		
		④副次的効果	再生クラッシャランの供給も容易に出来たため、工程もスムーズに進み、コスト面での圧縮にも繋がった。		
	2.事例1	実施したことと留意事項	金属類を鉄、アルミ、銅に分別するように留意し、廃棄物置場の金属類の場所に、色別にした袋を並べて、種類別に集積できるようにした。		
	2.事例2	実施したことと留意事項	発泡スチロールのみリサイクル処理を行うため、プラスチック類と分別して集積し、内容が分かる透明な袋に入れて保管するように留意した。		

工事概要	工 事 名	□□□ビル新築工事		
	工 事 場 所	東京都千代田区神田○丁目○番○号		
	工事の内容	事務所、鉄骨造、地上7階、延べ面積5,730㎡、外壁：アルミCW、		
		押出成形セメント板アクリルシリコン樹脂エナメル塗、床：OAフロアの上タイル		
		カーペット張り、壁：PB下地ビニルクロス張り、天井：岩綿吸音板張り		
	工 期	2017 年 2 月〜 2017 年 11 月	あなたの立場	工事主任

		①建設副産物対策	発生抑制、再使用、再生利用	②工種名等	金属工事
問題1	1.事例1	③実施したことと留意事項	メーカーに壁下地のLGSを寸法通りプレカットするように発注し、現場搬入後施工した。プレカットによって、現場廃材の発生抑制を行うことができた。		
		④副次的効果	プレカットにより、現場内のLGS端材が減少するので、廃材による汚れが減少して、現場環境も良くなり、作業効率も上がった。		
	1.事例2	①建設副産物対策	発生抑制、再使用、再生利用	②工種名等	土工事
		③実施したことと留意事項	掘削土の一部を敷地内に仮置きし、基礎完了後の埋戻し土として再使用した。仮置き土は良質土のみ選別するように留意した。		
		④副次的効果	根切り工事での搬出土量が減ることで、ダンプトラックによる掘削土の搬出が減少することにつながるため、近隣への交通障害も減少した。		
	1.事例3	①建設副産物対策	発生抑制、再使用、再生利用	②工種名等	地業工事（杭）
		③実施したことと留意事項	現場造成杭の杭頭処理材のコンクリート廃材を破砕時の騒音に留意し、破砕処理して基礎下の地業材として再生利用した。		
		④副次的効果	杭頭処理のコンクリート廃材が無くなり、発生抑制が出来たことにより、購入する砕石材が減りコストダウンが図れた。		
	2.事例1	実施したことと留意事項	プラスターボードは、雨に弱いため、屋根付きの場所で、専用の廃棄集積場所を設置し、濡れずに集積するように留意した。		
	2.事例2	実施したことと留意事項	リサイクルの促進を図るため、現場内での分別を実施するための当番を決め、分別が徹底されているか確認するように留意した。		

平成30年度 解答例・解説

163

【解答例－3】

工事概要	工 事 名	△△△独身寮改修工事			
	工 事 場 所	東京都新宿区東五軒町○－○－○			
	工事の内容	独身寮、ＲＣ造、地上4階、延べ面積1,250㎡、外壁：アクリル樹脂エナメル塗替、 間仕切壁の一部撤去位置変更、床：下地調整＋木目調塩ビシート張り、 壁・天井：ビニルクロス張替			
	工 期	平成 29 年 8 月～平成 29 年 11 月	あなたの立場		工事主任

問題1	1. 事例1	①建設副産物対策	(発生抑制) 再使用、再生利用	② 工 種 名 等	内装工事
		③実施したこと と留意事項	既存床のフローリング張り替え仕様を廃棄物の発生抑制のため、既存床上 の平たんさ調整を行った後、木目調塩ビシート張りに変更した。		
		④副次的効果	不陸調整した既存フローリングの上に木目調塩ビシートを張ることにより、 既存床の撤去作業がないため廃棄物の発生抑制と同時に工期短縮が図れた。		
	1. 事例2	①建設副産物対策	発生抑制、(再使用) 再生利用	② 工 種 名 等	石工事
		③実施したこと と留意事項	エントランスの既存石製上がり框を解体廃棄する予定であったが、新規位 置に上がり框を設置する必要があるため、既存石製上がり框を再使用出来 るよう解体に留意した。		
		④副次的効果	既存石製上がり框を再使用したことにより、廃棄物が減少し、新規作成し た場合と比べ、製造期間が短縮されると同時に原価圧縮にも繋がった。		
	1. 事例3	①建設副産物対策	発生抑制、再使用、(再生利用)	② 工 種 名 等	木工事
		③実施したこと と留意事項	既存壁の間仕切り改修で良質な木廃材の有無に留意し、良質の木廃材の場 合は、再資源化施設にて木毛板やパーティクルボードへ再生した。		
		④副次的効果	解体木材の殆どは汚染が無く、分別解体されても良質木材として再生利用 が可能なので、廃棄物としての処理も減少した。		
	2. 事例1	実施したこと と留意事項	1㎥コンテナでの分別を実施し、マニフェストシートにより、廃棄物の種 類・数量等が計画通り処分されているか留意した。		
	2. 事例2	実施したこと と留意事項	ひ素等の有害物質の混入が無いか、せっこうボード解体前に検査状況に留 意し、有害物質が無いことを確認した後、適正に処分を行った。		

1. 高度成長期に大量に建設された建築物の更新や解体工事により発生する建設副産物の発生量の増加に伴い更なる**建設副産物（低減）対策**が必要である。

　　対策には発生抑制、再使用、再生利用、熱回収、適正処分（適正な処理）と５つあるが、何れも施工計画段階からの取り組みが必要で、工種毎に計画して、実施した上、結果を評価し、次のステップへ進むＰＤＣＡを回すことが重要である。

　　今回は**発生抑制、再使用、再生利用**について、①**実施したこと**（工事概要であげた現場での具体的な実施事項）、②実施に当たっての**留意事項**（教育・徹底方法、配慮した点など）、③**副次的効果**（現場の整理整頓が進み作業がスムーズになった、安全性が高まった等）を記載する。

　　○発生抑制：分別廃棄（分別した品目等の具体的な記載が必要）、過剰な包装をやめる（どのようにやめたか等の記載が必要）、余分な資材を搬入しない（過剰資材を入れない、プレカット等）により廃棄物を低減する。

　　○再使用：廃棄物となってしまうものを使用場所や使用方法等を変えて（廃棄物処理の土砂等や、廃棄物処理の残材等）再使用することで廃棄物を低減する。

　　○再生利用：そのままでは廃棄物となってしまうもの（コンクリート魂等、木材等の残材等）に手を加えて利用したり、再生利用材を現場で使用することで廃棄物を低減する。

2. 建設副産物対策の１つに適正処分（**適正な処理**）がある。**適正な処理**の事例（分別表示、せっこうボードの防雨対策等）および実施するための**留意事項**（再生利用が可能な分別しやすい方法、教育・徹底方法などの留意事項）をあげて記述する。

問題2	1.	事例1	仮設工事の外部足場架設・解体作業で墜落災害対策に手摺り先行足場を使用した。
		事例2	躯体工事でのスラブ開口部からの墜落・転落対策に足場板で開口塞ぎを実施した。
	2.	事例1	配電線近接作業時の配電線に防護管を取付け、絶縁用保護具を着用する計画とした。
		事例2	溶接機での溶断作業の感電事故防止のため、溶接機用自動電撃防止装置を接続する計画とした。
	3.	事例1	根切り工事において、バックホウとの接触事故防止対策で旋回範囲内への立入禁止措置とする計画とした。
		事例2	移動式クレーンでの資材の揚重作業で、転倒事故防止のため、敷鉄板を配置する計画とした。

▶ 解　説

　建設現場で発生する災害について、施工計画にあたり事前に検討した災害発生の**①状況や作業の内容**とその災害を防止するための**②対策**を記述するが、要求性能墜落制止用器具や保護帽の使用、朝礼時の注意喚起、点検や整備などの日常管理、安全衛生管理組織、新規入場者教育、資格や免許に関する記述は**除く**。それぞれの記述例は以下に示す。

1．墜落、転落による災害

　①　**状況や作業の内容**は足場組立て・解体作業、スラブ開口、外壁工事での中腰作業などを記述。

　②　**対策**は手摺り先行足場の採用、足場板の覆いと滑り止めや安全表示、幅木と2段手摺りなどを記述。

2．電気による災害

　①　**状況や作業の内容**は配電線近接作業、溶接作業、活線作業、電動工具作業などを記述。

　②　**対策**は防護管の設置、絶縁用保護具の使用、接続部のゴムカバー設置、溶接機用自動電撃防止装置、漏電遮断装置への接続などを記述。

3．車両系建設機械による災害

　①　**状況や作業の内容**はバックホウでの土工事、杭打機での基礎作業、クレーン作業などを記述。

　②　**対策**は回転範囲の立入禁止措置、誘導員、地盤改良、鉄板敷、リミッター、定格荷重の表示などを記述。

問題3 【解答例】

問題3	箇所番号	適当な語句又は数値		箇所番号	適当な語句又は数値
1.	①	1/5	5.	①	加圧
2.	③	盤ぶくれ	6.	③	近接させる
3.	①	ケーシングチューブ	7.	③	15
4.	③	D25	8.	③	5

解 説

1. 平板載荷試験について②③は設問のとおり。試験地盤に礫が混入する場合には、礫の最大直径が載荷板直径の（①1/3ではなく）1/5程度を目安とし、この条件を満たさない場合は大型の載荷板を用いることが望ましい。

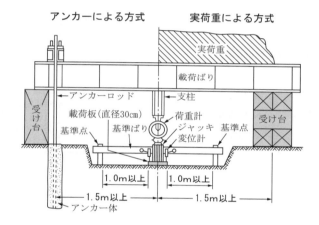

2. ①はクイックサンド、②はボイリングの説明で設問のとおり。掘削底面やその直下に難透水層があり、その下にある被圧地下水により掘削底面が持ち上がる現象を（③ヒービングではなく）盤ぶくれという。

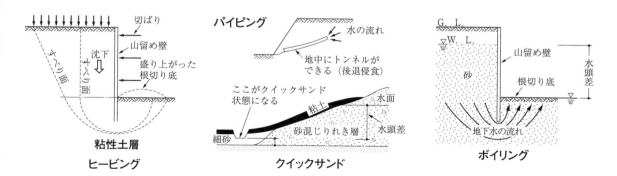

3. 場所打ちコンクリート杭地業のオールケーシング工法における掘削は、（①表層ケーシングではなく）ケーシングチューブを搖動又は回転圧入し、土砂の崩壊を防ぎながら、ハンマーグラブにより掘削する。②③については設問のとおり。

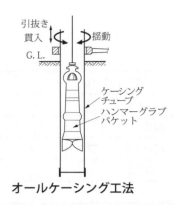

オールケーシング工法

4．ガス圧接の技量資格種別において、①②については
設問のとおり。技量資格種別が1種の圧接作業可能範
囲は、異形鉄筋の場合は呼び名（③**D32ではなく**）
D25以下である。

技量資格種別	作業可能範囲	
	鉄筋の材質	鉄筋径
1　　種	SR 235 SR 295 SD 295 SD 345 SD 390	径25mm 以下 呼び名 **D25以下**
2　　種		径32mm 以下 呼び名 D32以下
3　　種	SD 490 （3種、4種 のみ）	径38mm 以下 呼び名 D38以下
4　　種		径50mm 以下 呼び名 D51以下

圧接技量資格者の圧接作業可能範囲

5．鉄筋のガス圧接継手の継手部の外観検査において、
不合格となった圧接部の処置は次による。
　圧接部のふくらみの直径や長さが規定値に満たない
場合は、再加熱し、（**徐冷ではなく**）**加圧**して所定の
ふくらみに修正する。②③については設問のとおりで
ある。

6．型枠組立てについて①②については設問のとおりである。締付け金物の
締付けすぎへの対策として、内端太（縦端太）を締付けボルトとできるだ
け（**離すのではなく**）**近接させる**等の方法がある。

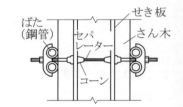

7．コンクリートポンプ工法において①②については設問のとおりである。スランプ10〜15cmのコンクリー
トの場合、公称棒径45mmの棒形振動機1台当たりの締固め能力は、（**30ではなく**）**10〜15㎥/h**程度である。

8．鉄骨工事におけるスタッド溶接後の仕上がり高さ及び傾きの検査において①②については設問のとおり
である。スタッド溶接後の仕上がり高さは指定された寸法の±2mm以内、かつ、スタッド溶接後の傾きは
（**15ではなく**）**5**度以内を適合とし、検査したスタッドが適合の場合は、そのロットを合格とする。

問題4	1.	1	アスファルトルーフィング類の張付けは、空隙、気泡、しわ等が生じないように平均に押し均して下層に密着するように張り付ける。
		2	アスファルトルーフィング類の継目は、幅方向、長手方向とも100mm以上重ね合わせ、水下側アスファルトルーフィングが下側になるように張り重ねる。
	2.	1	下塗材は、コンクリート下地に対する主材の吸込み調整や付着性を高めるため、ダレ、塗り残しのないように均一に塗り付ける。
		2	主材を吹付け塗りとする場合、塗回数は2回とし、1回目は下地を均一に覆い、乾燥後色むら等を確認し、2回目の塗装で均一に仕上げる。
	3.	1	笠木の取付けには、建築基準法で定められた風圧力及び積雪荷重に対応した固定金具を用い、間隔や固定方法を検討して取付ける。
		2	笠木本体と固定金具との取付けは、はめあい方式によるはめあい、ボルトねじ締付け金具等により固定する。
	4.	1	外壁下地モルタル面が乾燥している場合は、張付けモルタルのドライアウトを防止するために、あらかじめ下地面に水湿しを行う。
		2	張付けモルタルは、モルタル下地面とタイル裏面の両方に塗り付け、1回の塗付け面積は2m²以下に張り終える面積とする。

▰ 解 説

1. 屋上アスファルト防水工事の平場部にアスファルトルーフィング類を張り付ける場合の施工上の留意事項

　下地及び増張りに関する記述を除く、平場部の施工上の留意点は、次のようなものがある。

　① 塗布した接着剤のオープンタイムを確認して、ルーフィングシートに引張りを与えないようにする。

　② ルーフィングシートはしわを生じないように張り付け、ローラー等で転圧して接着させる。

2. 外壁コンクリート面を外装合成樹脂エマルション系薄付け仕上塗材（外装薄塗材E）仕上げとする場合の、施工上の留意事項

　外装薄塗材Eの材料調合に関する記述を除く、施工上の留意点は、次のようなものがある。

　① 基層塗りは、ダレ、ピンホール、塗り残しのないよう下地を覆うように均一に塗り付ける。

　② ローラー塗りの場合は、見本と同様の模様で均一に仕上がるように、所定のローラーを用いる。

3. パラペット天端にアルミニウム笠木を設ける場合の、施工上の留意事項

　アルミニウム笠木の下地清掃及び防水層に関する記述を除く、施工上の留意点は、次のようなものがある。

　① 笠木と笠木との継手部（ジョイント部）は、ジョイント金具のはめあい方式のはめあい取付けを行う。

　② コーナー部は、留め加工とし、溶接又は裏板補強を行ったうえで止水処理を施した部材を用いる。

4. 外壁下地モルタル面に小口タイルを改良圧着張りとする場合の、施工上の留意事項

　小口タイルの改良圧着張りで下地清掃、張付けモルタルの調合、タイルの割付け及びタイル面洗いに関する記述を除く、施工上の留意点は、次のようなものがある。

　① 張付けモルタルは2層に分けて塗り付けるものとし、1層目はこて圧をかけて塗り付ける。

　② 張付けは、タイル裏面全面に張付けモルタルを平らに塗り付けて張り付ける。

問題5	1.	作業内容	ソフト幅木取付け	3.	あ(作業名)	A3
	2.	総所要日数	17日		い(総所要日数)	18
		班　数	1班		う(フリーフロート)	1

解　説

　　ネットワーク工程表にて作成された事務所ビルの内装仕上げ工事工程表（3階部分）に対する設問で作業内容は表に記載されている。

1. 設問の作業A8及びB8はタイルカーペット敷きのあとに行う作業のため、一般的に内装工事では工事概要にもある「**ソフト幅木取付け**」が行われる。

2. 総所要日数（クリティカルパス）は、**17日**。
　　クリティカルパス
　　㊎→A1→B1→B2→B3→B4→B5→B6→B7→B8→C→㊋

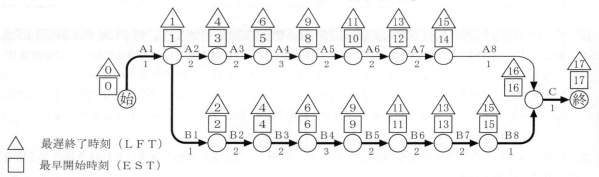

　△　　最遅終了時刻（LFT）
　□　　最早開始時刻（EST）
　➡　　クリティカルパス

　　設問の最低限手配すべき班数は下記内容により **1班**。
　　・階数7　延べ面積3,200㎡　→各階約457㎡（約460㎡）
　　・1フロアを2工区で分ける。1工区対応面積は約230㎡、墨出し歩掛かりは約100㎡/人工で1班2〜3人。
　　・上記から1班・1日でA1、1班・1日でB1が完了でき、工程上A1完了後にB1となっている。

3. 設問の条件（作業A3及び作業B3の作業班が1班しか手配出来ない）による工程見直し後の内容は以下による。
　　作業B3は、作業B2の完了後で作業名 あ：A3（壁せっこうボード張り）の完了後でないと開始できない。このため、総所要日数は い：18 日、作業B2のフリーフロートは う：1 日となる。
　　○　設問「あ」は条件と工程表より作業B2（壁軽量鉄骨下地）の完了後で、作業A3（A工区の壁せっこうボード張り）の完了後。
　　○　設問「い」の総所要日数（クリティカルパス）は**18日**。
　　条件により工程表を見直すと右記になる。

クリティカルパス

㊀→A1→A2→A3→B3→B4→B5→B6→B7→B8→C→㊗

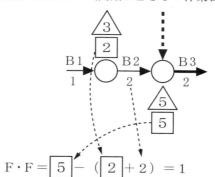

△ 最遅終了時刻（LFT）

□ 最早開始時刻（EST）

→ クリティカルパス

○ 設問「う」のフリーフロートは**1**日。

FF（フリーフロート）＝後続のEST－（開始のEST＋作業日数)

F・F＝ □5 － （ □2 ＋2 ）＝1

問題6	1.	①	請負契約	②	経費
	2.	③	2	④	低い
	3.	⑤	工期	⑥	条件

解　説

1．建設業法　第20条第1項（建設工事の見積り等）

建設業者は、建設工事の**請負契約**を締結するに際して、工事内容に応じ、工事の種別ごとに材料費、労務費その他の**経費**の内訳を明らかにして、建設工事の見積りを行うよう努めなければならない。

2．建築基準法施行令　第136条の2の20（仮囲い）

木造の建築物で高さが13m若しくは軒の高さが9mを超えるもの又は木造以外の建築物で**2**以上の階数を有するものについて、建築、修繕、模様替又は除却のための工事を行う場合においては、工事期間中工事現場の周囲にその地盤面（その地盤面が工事現場の周辺の地盤面より**低い**場合においては、工事現場の周辺の地盤面）からの高さが1.8m以上の板塀その他これに類する仮囲いを設けなければならない。ただし、これらと同等以上の効力を有する他の囲いがある場合又は工事現場の周辺若しくは工事の状況により危害防止上支障がない場合においては、この限りでない。

3．労働安全衛生法　第3条第3項（事業者等の責務）

建設工事の注文者等仕事を他人に請け負わせる者は、施工方法、**工期**等について、安全で衛生的な作業の遂行をそこなうおそれのある**条件**を附さないように配慮しなければならない。

平成 29 年度

1級 建築施工管理技術 検定試験

実地試験

問　題

問題1 今後、建設業において、高齢化等により技能労働者が大量に離職し、労働力人口が総じて減少するために、建設現場の生産性の向上がなお一層求められている。

あなたが経験した**建築工事**のうち、生産性向上をめざして、**品質を確保したうえで施工の合理化**を行った工事を1つ選び、工事概要を具体的に記入したうえで、次の1．から2．の問いに答えなさい。

なお、**建築工事**とは、建築基準法に定める建築物に係る工事とし、建築設備工事を除くものとする。

〔工事概要〕
- イ．工 事 名
- ロ．工 事 場 所
- ハ．工 事 の 内 容　新築等の場合：建物用途、構造、階数、延べ面積（又は施工数量）、主な外部仕上げ、主要室の内部仕上げ
  - 改修等の場合：建物用途、主な改修内容、施工数量（又は建物規模）
- ニ．工 期　　（年号又は西暦で年月まで記入）
- ホ．あなたの立場

1．工事概要であげた工事において、あなたが計画した**施工の合理化**の事例を**2つ**あげ、それぞれの事例について、次の①から④を具体的に記述しなさい。

ただし、2つの事例の②から④の内容は、それぞれ異なる内容の記述とする。

- ① 工種又は部位等
- ② 施工の合理化が必要となった原因と実施した内容
- ③ 実施する際に確保しようとした品質と留意事項
- ④ 実施したことにより施工の合理化ができたと考えられる理由

2．工事概要にあげた工事にかかわらず、あなたの今日までの工事経験に照らして、品質を確保したうえで行う施工の合理化の方法であって、**建設資材廃棄物の発生抑制**に効果があると考えられるものについて、次の①から②を具体的に記述しなさい。

ただし、1．の②から④と同じ内容の記述は不可とする。

- ① 施工方法
- ② そう考える理由

工事概要	工　事　名		
	工　事　場　所		
	工事の内容		
	工　　期	年　　月〜　　　年　　　月	あなたの立場	

問題1	1.事例1	①工種又は部位等	
		②原因と実施内容	
		③品質と留意事項	
		④理　　由	
	1.事例2	①工種又は部位等	
		②原因と実施内容	
		③品質と留意事項	
		④理　　由	
	2.	①施　工　方　法	
		②理　　由	

175

問題2 建築工事における次の1.から3.の仮設物について、設置計画の作成に当たり、**留意又は検討すべき事項**をそれぞれ**2つ**具体的に記述しなさい。

ただし、解答はそれぞれ異なる内容の記述とし、申請手続、届出及び運用管理に関する記述は除くものとする。また、使用資機材に不良品はないものとする。

1. つり足場

2. 起伏式（ジブ）タワークレーン

3. 仮設ゴンドラ

問題2 【解答欄】

問題2	1.	事項1	
		事項2	
	2.	事項1	
		事項2	
	3.	事項1	
		事項2	

問題3 次の1．から4．の問いに答えなさい。

　　ただし、解答はそれぞれ異なる内容の記述とし、作業環境（気象条件等）、材料の品質、材料の調合、材料の保管及び作業員の安全に関する記述は除くものとする。

1．既製コンクリート杭の埋込み工法における、支持力を確保するための**施工管理上の確認方法**を**2つ**具体的に記述しなさい。

2．鉄筋工事における、バーサポート又はスペーサーを設置する際の**施工上の留意事項**を**2つ**具体的に記述しなさい。

3．コンクリート工事の打込み時における、コールドジョイントの発生を防止するための**施工上の留意事項**を**2つ**具体的に記述しなさい。

4．鉄骨工事の耐火被覆における、吹付けロックウール（乾式又は半乾式）工法の施工上の留意事項を**2つ**具体的に記述しなさい。

問題3 【解答欄】

問題3	1.	方法1	
		方法2	
	2.	事項1	
		事項2	
	3.	事項1	
		事項2	
	4.	事項1	
		事項2	

177

問題4 次の１．から８．の各記述において、記述ごとの①から③の下線部の語句のうち**最も不適当な箇所番号**を１つあげ、**適当な語句**を記入しなさい。

１．改質アスファルトシート防水常温粘着工法・断熱露出仕様の場合、立上がり際の風による負圧は平場の一般部より大きくなるため、断熱材の上が絶縁工法となる立上がり際の平場部幅300㎜程度①は、防水層の１層目②に粘着層付改質アスファルトシートを張り付ける。

なお、入隅部では立上りに100㎜③程度立ち上げて、浮き・口あきが生じないように張り付ける。

２．タイルの検査における標準品のタイルは、寸法、厚さ、反り、側反り、ばち、欠陥の有無、吸水率①、耐凍害性②、圧縮強度③、色合いなどの品質検査表を提出し、工事監理者の承認を受ける。

特注品は、荷口見本による検査又は工場における立会い検査のいずれかを実施する。

３．金属板葺きによる屋根工事の下葺きに用いるアスファルトルーフィングは、軒先より葺き進め、隣接するルーフィングの重ね幅は、シートの短辺部は200㎜①以上、長辺部は100㎜以上とする。

仮止めを行う場合のステープル釘の打込み間隔は、ルーフィングの重ね屋根の流れ方向で450㎜②程度、流れに直角方向では900㎜③以内とする。

４．金属製手すりが長くなる場合には、金属の温度変化による部材の伸縮を考慮して、通常５〜10ｍ間隔程度ごとに伸縮調整部を設ける。伸縮調整部を設ける間隔及び伸縮調整幅は、使用する金属の線膨張係数を考慮して決める。温度差40℃①の場合の部材伸縮量は、鋼は１ｍ当たり0.2㎜②程度、アルミニウム合金は１ｍ当たり1.0㎜③程度である。

５．左官工事における吸水調整材は、モルタル塗りの下地となるコンクリート面等に直接塗布することで、下地とモルタルの界面に厚い膜①を形成させて、モルタル中の水分の下地への吸水（ドライアウト）による付着力の低下を防ぐものである。

吸水調整材塗布後の下塗りまでの間隔時間は、一般的には１時間②以上とするが、長時間放置するとほこり等の付着により接着を阻害することがあるので、１日程度③で下塗りをすることが望ましい。

6．ステンレス製建具におけるステンレス鋼板の加工には普通曲げと角出し曲げ（角曲げ）がある。角出し

曲げ（角曲げ）ができる板厚は一般に2.0mm以上であり、3種類の加工方法がある。
　　　　　　　　　　　　　　　①

　　切込み後の残り板厚寸法が0.5mm（ａ角）、0.75mm（ｂ角）の場合は裏板にて補強する。1.0mm（ｃ角）の
　　　　　　　　　　　　　　　　　　　　　②　　　　　　　　　　　　　　　　　　　③

場合は補強不要である。ａ角は割れが生じやすいので、一般的にはｂ角、ｃ角を用いる。

7．アクリル樹脂系非水分散形塗料（ＮＡＤ）は、有機溶剤を媒体として樹脂を分散させた非水分散形

エマルションを用いた塗料で、常温で比較的短時間で硬化し、耐水性や耐アルカリ性に優れた塗膜が得ら
①　　　　　　　　　　　　　　　　　　　　　　　　　②

れる。

　　塗装方法は、はけ塗り、ローラーブラシ塗り又は吹付け塗りとし、吹付け塗りの場合は、塗料に適した

ノズルの径や種類を選定する。

　　屋内塗装の場合、パテかいは水掛り部分には行わない。
　　　　　　　　　　　　　　③

8．タイルカーペットを事務室用フリーアクセスフロア下地に施工する場合、床パネル相互間の段差とすき

間を1mm以下に調整した後、床パネルの目地とタイルカーペットの目地を100mm程度ずらして割付けを行う。
　①　　　　　　　　　　　　　　　　　　　　　　　　　　　　②

　　カーペットの張付けは、粘着はく離形の接着剤をカーペット裏の全面に塗布し、適切なオープンタイム
　　　　　　　　　　　　　　　　　　　　③

をとり、圧着しながら行う。

問題4　【解答欄】

問題4		箇所番号	適当な語句		箇所番号	適当な語句
	1.			5.		
	2.			6.		
	3.			7.		
	4.			8.		

市街地での事務所ビルの建設工事における右の躯体工事工程表（3階部分）に関し、次の1．から4．の問いに答えなさい。

　工程表は作成中のもので、各作業は一般的な手順に従って施工され、各部位においては複数の作業を同時に行わないものとする。ただし、作業Eについては後続する作業との関係を記載していない。

　また、各作業の内容及び所要日数は作業内容表のとおりである。ただし、作業Bについては作業内容を記載していない。

〔工事概要〕

　用　　　　途：事務所
　構造・規模：鉄筋コンクリート造地下1階、地上6階、延べ面積3,200㎡

1．作業Bの**作業内容**を記述しなさい。

2．次の記述の　①　に当てはまる**作業名**、　②　に当てはまる**日数**をそれぞれ記入しなさい。

　作業Eは、作業Bの完了後に開始できる。ただし、　①　の開始前に完了させる必要がある。そのため、作業Eのフリーフロートは　②　となる。

3．㊀から㊉までの**総所要日数**を記入しなさい。

4．工程の再検討を行ったところ、作業Gの所要日数が6日になることが判った。

　総所要日数を元のとおりとするために、作業Gを壁が有る部分の作業G1と壁が無い部分の作業G2に分割して作業を行うこととした。

　この時に、次の記述の　③　に当てはまる**日数**及び　④　に当てはまる**作業名**をそれぞれ記入しなさい。

　作業G1の所要日数は、　③　以内とする必要がある。
　作業G2は、　④　の完了後に開始できる。

躯体工事工程表（3階部分）

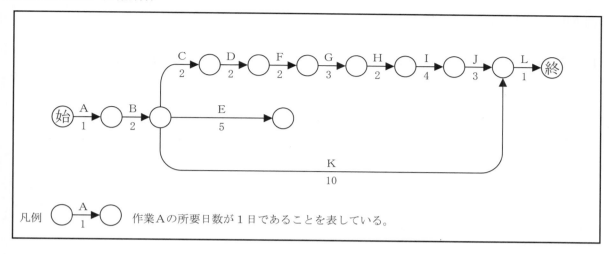

凡例　　〇—A→〇　　作業Aの所要日数が1日であることを表している。
　　　　　　　1

作業内容表

作業名	作業内容	所要日数
作業A	3階墨出し	1日
作業B		2日
作業C	柱型枠の組立て	2日
作業D	壁片側型枠の組立て	2日
作業E	壁の配筋	5日
作業F	壁返し型枠の組立て	2日
作業G	梁型枠の組立て（梁下支保工を含む）	3日
作業H	デッキプレートの敷設	2日
作業I	梁の配筋	4日
作業J	床の配筋（設備スリーブ、配管等を含む）	3日
作業K	設備スリーブ、配管、配線（柱、梁、壁）	10日
作業L	コンクリート打込み	1日

問題5　【解答欄】

問題5	1.			3.		
	2.	①		4.	③	
		②			④	

問題6 次の１．から３．の問いに答えなさい。

１．「建設業法」に基づく元請負人の義務に関する次の文章において、 [   ] に**当てはまる語句**を記入しなさい。

特定建設業者は、国土交通省令で定めるところにより、当該建設工事における各下請負人の施工の [①] 関係を表示した [②] を作成し、これを当該工事現場の見やすい場所に掲げなければならない。

２．「建築基準法施行令」に基づく工事現場の危害の防止に関する次の文章において、 [   ] に**当てはまる語句**を記入しなさい。

建築工事等における根切り及び山留めについては、その工事の施工中必要に応じて点検を行ない、山留めを補強し、 [③] を適当に行なう等これを安全な状態に維持するための措置を講ずるとともに、矢板等の抜取りに際しては、周辺の地盤の [④] による危害を防止するための措置を講じなければならない。

３．「労働安全衛生法」に基づく労働者の就業に当たっての措置に関する次の文章において、 [   ] に**当てはまる語句**を記入しなさい。

事業者は、その事業場が建設業に該当するときは、新たに職務につくこととなった職長その他の作業中の労働者を直接 [⑤] 又は監督する者（作業主任者を除く。）に対し、次の事項について、厚生労働省令で定めるところにより、安全又は衛生のための教育を行なわなければならない。

　一　作業方法の決定及び労働者の配置に関すること
　二　労働者に対する [⑤] 又は監督の方法に関すること
　三　前二号に掲げるもののほか、 [⑥] を防止するため必要な事項で、厚生労働省令で定めるもの

問題6 【解答欄】

問題6	1.	①		②	
	2.	③		④	
	3.	⑤		⑥	

平成 29 年度

1級 建築施工管理技術 検定試験

実地試験

解答例・解説

工事概要	工　事　名	□□□マンション新築工事		
	工　事　場　所	東京都葛飾区金町〇丁目〇番〇号		
	工　事　の　内　容	共同住宅、ＲＣ造、地上6階、延べ面積2,698㎡、		
		外壁：50角タイル張り、居室床：フローリング張り、		
		壁及び天井：ＰＢ下地ビニルクロス張り		
	工　　　期	2015 年 4 月～2016 年 5 月	あなたの立場	現場代理人

問題1	1.事例1	①工種又は部位等	型枠工事（基礎）
		②原因と実施内容	躯体工事が梅雨にかかる工程のため、工程遅延を予測し、スラブ型枠にフラットデッキを採用して型枠解体作業の削減と次工程への早期着手を実施した。
		③品質と留意事項	スラブ下支保工を無くすため、スラブの下がり等の出来形品質を確保するよう、梁部分での支柱検討を行いスラブ下での打設時の寸法確認に留意した。
		④理　　　　由	型枠大工の削減が図れ、スラブ型枠の解体がなくなり、梁下以外の支保工がなくなる事で資材も減少し天井下の工事も早期着手でき、短縮を含め合理化となるため。
	1.事例2	①工種又は部位等	内装工事（プラスターボード張り）
		②原因と実施内容	居室の天井高さが2,550㎜で、規格品のプラスターボード張りでは、切断加工などの手間による工程遅延が予想されたので、910㎜×2,560㎜の特別寸法で発注した。
		③品質と留意事項	プラスターボードが長物なので、歪みや欠けが搬入・保管時に発生しない様に留意した。ビニルクロス張の美観性向上のため、縦目地の下地処理に留意した。
		④理　　　　由	規格品の910㎜×1,820㎜を使用して切断して、縦張りで突き付けする場合、面取りの継目処理を必要とするが、縦目地の継目処理だけとなり、手間の削減が図れるため。
	2.	①施　工　方　法	基礎型枠のパネル割等の検討を行い、合板型枠から既製鋼製型枠（パネル式）に変更して組立・解体を実施した。
		②理　　　　由	合板型枠の型枠加工が減少して、パネル式により、組立作業の合理化と、型枠材の廃棄が減少した。

工事概要	工 事 名	□□□ビル新築工事		
	工 事 場 所	東京都練馬区早宮〇丁目〇番〇号		
	工事の内容	共同住宅、鉄骨造、地上4階、延べ面積1,827㎡、		
		外壁：ＡＬＣパネル防水形複層仕上塗材、床：カーペットタイル張り、		
		壁：ＰＢ下地ビニルクロス張り、天井：岩綿吸音板張り		
	工 期	2016 年 4 月～2016 年 12 月	あなたの立場	工事主任

問題1	1.事例1	①工種又は部位等	鉄骨工事（建方）
		②原因と実施内容	細物鉄骨でピース数が多く、クレーンの稼働率低下で工程遅延が
		予想されたため、地組み架台と地組み用クレーンを設置し、小ブロック化して鉄骨を地	
		組みして、建方専用クレーンで建方を実施した。	
		③品質と留意事項	細物鉄骨を設置場所で組立てすると直角精度や捩じれを生じやす
		く、組立て精度が悪くなる恐れがあるので、地組みによる精度の確保と全体的な建方精	
		度の確保に留意した。	
		④理　　　　由	地組み専用のクレーンで、小ブロック化して直角精度を確保し、
		本締めまで行う建方をして建方専用のクレーンも稼働率が上がり、建方の日程を短縮す	
		ることができるため。	
	1.事例2	①工種又は部位等	左官工事（外壁）
		②原因と実施内容	ＡＬＣパネルの防水形複層仕上塗材工事工程が秋の天候の変わり
		目に当たり、工程遅延が予想されたため、メーカーにて塗材仕上げを上塗りまで実施し	
		た。	
		③品質と留意事項	天候不順による防水形複層仕上塗材の施工は、色違いや縞模様と
		いった施工品質の低下が予想されるので、室内での塗材仕上げで品質を確保できるよう	
		に留意した。	
		④理　　　　由	外部足場からの防水形複層仕上塗材は、天候の影響が大きく乾燥
		時間に工程が左右される恐れがあったが、室内で実施することで、乾燥も早く現場施工	
		の合理化ができるため。	
	2.	①施 工 方 法	共同住宅等で軽量鉄骨壁下地材の寸法と数量をメーカーに指定し
		切断加工品を使用する。	
		②理　　　　由	現場での切断加工の手間が削減でき、切断加工による建設資材廃
		棄物の発生抑制になるため。	

工事概要	工 事 名	△△△独身寮改修工事		
	工 事 場 所	東京都府中市天神町〇丁目〇番〇号		
	工事の内容	宿舎、鉄骨造、地上3階、延べ面積1,350㎡、		
		外壁：ＡＬＣパネル防水形複層仕上塗材塗替え、		
		居室床：フローリング張替え、壁・天井：ＰＢ下地ビニルクロス張替え		
	工 期	平成28 年 4 月～平成28 年 7 月	あなたの立場	現場代理人

問題1	1.事例1	①工種又は部位等	内装工事（床フローリング仕上）
		②原因と実施内容	既存床材の解体と下地調整、フローリング張りの工程が遅延する
		恐れがあり、監理者と協議し、現状床の調整後に塩ビ系床材（フローリング調）仕上げ		
		とした。	
		③品質と留意事項	既存フローリングを下地として使用するため、既存床の不陸、下
		地材の緩みによる床鳴りが懸念され、調査して不陸調整、緩み直しの確認に留意した。		
		④理　　由	既存フローリング材の全面撤去の上、下地調整して新規フローリ
		ング床仕上げにおいて、床鳴り等の不良部分以外の撤去が無くなり合理化となるため。		
	1.事例2	①工種又は部位等	ユニットおよびその他工事
		②原因と実施内容	短工期で造作大工が不足するため、収納棚・カーテンボックスを
		仕上を含めて家具工場に発注して、作業に合わせて搬入して現場では取付け・調整のみ		
		とした。	
		③品質と留意事項	設置場所にあった収納棚・カーテンボックス寸法と仕上塗装のキ
		ズ、ムラの無い品質が求められるが、部屋毎の採寸、搬入・場内運搬・取付け調整に留		
		意した。	
		④理　　由	収納棚・カーテンボックスの現場での加工が削減され、塗装仕上
		も完了しているので、後工事の壁天井仕上げがスムーズになり合理化と工期短縮となる		
		ため。	
	2.	①施 工 方 法	ビルの改修で天井高さ2.7mの壁ＰＢ張りで、メーカーに長さを
		2.7mで特注して、横のジョイント・切断作業を無くした。		
		②理　　由	現場でのＰＢ切断作業が削減され、横目地処理、作業場に切断片
		が無くなるのでＰＢの廃棄物量が低減した。		

1．建築業では高齢化による技能労働者の減少に拍車がかかり、建設現場では**生産性の向上（施工の合理化）**が求められているが、**施工の合理化**を実施する上で施工管理に重要な安全・品質・工程・原価・環境が悪化することは避けなければならない。したがって、設問での品質を確保したうえでの施工の合理化は最低必要条件であり、必要になった原因（工程遅延、技能労働者不足、施工手間がかかるなど）を分かり易く記述し、実施した内容は具体的な記述（合理化工法等の内容、工場製作への変更、特注品の使用など）が要求される。

　　その合理化を実施する際に確保した品質は**要求品質**（かぶり厚さ、寸法誤差、美観性など）を明記すると良い。留意事項については**要求品質を確保**するためにした事（手間を減らす、環境の整備、ポイントでの確認など）を記述する。

　　実施したことにより施工の合理化ができたと考えられる理由は実施したことが如何にして結果に繋がったか（技能労働者の手間を削減、工期短縮、次工程へのスムーズな繋がりなど）を具体的に記述する。

2．解答には工事概要で記述した以外の工事での記述で良い。施工の合理化では品質確保は最低必要条件となるが、**建設資材廃棄物の発生抑制**については、合理化で行う工場での生産（プレカット等を含む）、工程の短縮、工法変更では殆ど、現場で発生する廃棄物の抑制も同時に行われていることが多い。したがって、**施工方法**（フラットデッキ、内装材のプレカット、造作家具の工場製作など）を具体的に記述する。

　　そう考える理由には、記述した合理化の施工方法で実施した際の抑制された廃棄物の具体的な内容（合板切断加工の発生片が抑制、現場での端材の抑制など）を具体的に記述する。

問題2	1.	事項1	つり足場の組立順序は鉄骨建方に合わせて最下階から上階へ順に行い、また、水平養生も下階から随時設置を検討する。
		事項2	床材は、転位、脱落しないように、足場桁、スターラップ等に取り付けるように留意する。
	2.	事項1	タワークレーンの位置については組立・解体が可能な計画とし、回転範囲等については、リミッターにて設定を検討する。
		事項2	吊り上げる資機材、重量と作業半径、荷取り位置等と設置場所を検討する。
	3.	事項1	ゴンドラの下方に関係者以外が立ち入らないよう仮囲い等を設けて、立入禁止措置に留意する。
		事項2	現場に必要なゴンドラの積載荷重・定格速度等の能力の確認をし、現場に適したものを検討する。

　現場で設置する仮設物の設置計画の作成時に留意又は検討すべき事項を記載するが、申請手続、届出及び運用管理に関する記述は行わない。

1．つり足場

　つり足場とは鉄骨での作業用として梁などからつり下げた足場のことで、設置計画の作成時に当たり留意等すべき事項は以下のようなものがある。

①　つり足場の作業床は、幅を40cm以上とし、かつ、すき間がないように留意する。

②　足場桁、スターラップ作業床等に控えを設ける等、動揺、転位を防止するための措置をすることに留意する。

2．起伏式（ジブ）タワークレーン

　タワークレーンはジブが起伏して荷を水平移動するタイプと、水平のブームに乗ったトロリーが水平移動するタイプがある。水平ブームのタイプは、トンボクレーン又は水平ジブクレーンと呼ぶことが多い。日本では、上空であっても工事敷地外部へのジブの侵出を嫌う傾向が強いため、ジブ起伏式が多い。どちらも、上下、起伏（あるいは、内外への移動）、旋回をもって荷を移動させる。設置計画の作成時に当たり留意等すべき事項は以下のようなものがある。

①　起伏式タワークレーンの設置計画では隣接地の上空を旋回しないように回転範囲を定めてリミッターの設置を検討する。

②　起伏式タワークレーンの控え位置と仮設ピースなどを予め計画し、クレーンのクライミングの方法とタイミングを検討する。

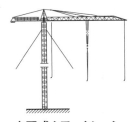
水平式タワークレーン

起伏式タワークレーン

3．仮設ゴンドラ

　ゴンドラとは、つり足場及び昇降装置その他の装置並びにこれらに附属する物により構成され、当該つり足場の作業床が専用の昇降装置により上昇し、又は下降する設備で、建設現場などで作業時に設置するものを仮設ゴンドラという。設置計画の作成時に当たり留意等すべき事項は以下のようなものがある。

①　ゴンドラを使用して作業を行う場合に、作業を安全に行うため必要な照度を保持出来るように検討する。

②　ゴンドラの移設時や撤去作業を行う上で、障害等がないか確認を行うように留意する。

問題3	1.	方法1	掘削は杭心に合わせて鉛直に行い安定液を用いて孔壁の崩落を防止する。
		方法2	掘削の進行に伴い、オーガー駆動装置の抵抗の変化を確認する。
	2.	事項1	基礎梁のスペーサーは、上又は下と側面の両側に設置する。
		事項2	スラブのスペーサーは、上端筋、下端筋それぞれ1.3個/㎡程度とする。
	3.	事項1	コンクリートの打込みは連続して行い、一体化するように打込む。
		事項2	1層の打込み厚さは60㎝以下とし、振動機が下層に届くよう締固める。
	4.	事項1	吹付け厚さの確認は、5㎡当たり1箇所以上を単位として行う。
		事項2	吹付け後4時間以内に、かさ密度を計測する。

問題3【解答例】

解 説

1. 既製コンクリート杭の埋込み工法における、支持力を確保するための施工管理上の確認方法

支持力を確保するための施工管理上の確認方法には、次のようなものがある。

① オーガーでの掘削時及び引抜き時は、オーガーを正回転とする。

② 根固め液の注入完了後、杭周固定液を注入しながらオーガーを引き抜く。

2. 鉄筋工事における、バーサポート又はスペーサーを設置する際の施工上の留意事項

バーサポート又はスペーサーを設置する際の施工上の留意事項には、次のようなものがある。

① 梁のスペーサーの間隔は1.5m程度とし、端部は1.5m以内に配置する。

② 鋼製のスペーサーは、型枠に接する部分に防錆処理を行ったものとする。

3. コンクリート工事の打込み時における、コールドジョイントの発生を防止するための施工上の留意事項

コールドジョイントの発生を防止するための施工上の留意事項には、次のようなものがある。

① 打重ね時間間隔が、定められた時間内になるように打設を行う。

② 長時間の打込み休止にならないように、交代要員の適正配置等により連続打設とする。

4. 鉄骨工事の耐火被覆における、吹付けロックウール（乾式又は半乾式）工法の施工上の留意事項

吹付けロックウール（乾式又は半乾式）工法の施工上の留意事項には、次のようなものがある。

① 耐火被覆の厚さを確認ピンにて行い、確認ピンはそのまま存置しておく。

② 吹付けを行う場合は、十分な養生を行い、飛散防止に努める。

問題4		箇所番号	適当な語句		箇所番号	適当な語句
	1.	①	500mm	5.	①	薄い
	2.	③	曲げ強さ	6.	①	1.5mm
	3.	②	300mm	7.	①	ワニス
	4.	②	0.5mm	8.	③	下地

解 説

1. 改質アスファルトシート防水常温粘着工法・断熱露出仕様についてであるが、②③については設問のとおり。断熱材の上が絶縁工法となる立上がり際の平場部幅は（①300mmではなく）500mm程度である。

2. タイルの検査についてであるが、①②については設問のとおり。タイルの検査における標準品のタイルは、寸法、厚さ、反り、側反り、ばち、欠陥の有無、吸水率、耐凍害性、（③圧縮強度ではなく）曲げ強さ、色合いなどの品質検査表を提出する。

3. 金属板葺きによる屋根工事の下葺きに用いるアスファルトルーフィングについてであるが、①③については設問のとおり。仮止めを行う場合のステープル釘の打込み間隔は、ルーフィングの重ね屋根の流れ方向で（②450mmではなく）300mm程度である。

4. 金属製手すりの圧縮調整部については使用する金属の線膨張係数で決まるが、温度差40℃の場合アルミは部材伸縮量1.0mmとなるため①③については設問のとおり。鋼は1m当たり（②0.2mmではなく）0.5mm程度である。

5. 左官工事における吸水調整材についてであるが、②③については設問のとおり。同材料は下地の吸込み調整や下地とのなじみを改善する目的で、モルタル塗りの下地となるコンクリート面等に直接塗布することで、下地とモルタルの界面に（①厚いではなく）薄い膜を形成させて、モルタル中の水分の下地への吸水（ドライアウト）による付着力の低下を防ぐものである。

6. ステンレス製建具におけるステンレス鋼板の加工についてであるが、角出し曲げ（角曲げ）ができる板厚は一般に（①2.0mmではなく）1.5mm以上である。

7. アクリル樹脂系非水分散形塗料（ＮＡＤ）についてであるが、②③については設問のとおり。有機溶剤を媒体として樹脂を分散させた非水分散形（①エマルションではなく）ワニスを用いた塗料である。

8. タイルカーペットについてであるが、①②については設問のとおり。カーペットの張付けは、粘着はく離形の接着剤を（③カーペット裏ではなく）下地の全面に塗布し、適切なオープンタイムをとり、圧着しながら行う。

問題5	1.		柱の配筋	3.		23日
	2.	①	作業F	4.	③	3日
		②	0日		④	作業C

■ 解 説

　ネットワーク工程表にて作成された事務所ビルの躯体工事工程表（3階部分）に対する設問で作業内容は表に記載されている。

1．設問の作業Bは作業内容表の作業A（3階墨出し）の後に行い、C作業（柱型枠の組立て）が後続作業であり、柱型枠の組立ての前には柱の配筋が完了してなければならない。したがって、作業Bは「**柱の配筋**」である。

2．作業E（壁の配筋）は、作業B（柱の配筋）の完了後に開始できる。
　　ただし、①**作業F**（壁返し型枠組立て）の開始前に完了させる必要がある。
　　　※壁返し型枠組立て後では壁の配筋が施工不能なため。

　　そのため作業Eのフリーフロートは以下による。
　　　ＦＦ＝後続のＥＳＴ－（開始のＥＳＴ＋作業日数）
　　　　　＝8日－（3日＋5日）＝**0**

3．総所要日数（クリティカルパス）は、**23日**。

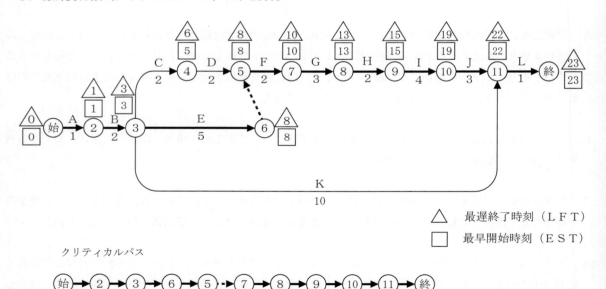

クリティカルパス

4．G１作業（壁がある部分の梁型枠の組立て作業）は作業F（壁返し型枠の組立て）後となり、現状の
　３日を超える場合、G１作業はクリティカルパス上の作業の為、全体工期に影響がでる。
　　したがって、③は**３日以内**とする必要がある。
　　　G２作業（壁が無い部分の梁型枠の組立て作業）は壁の組立作業には影響されず、取り合いの柱型枠
　の組立（C作業）が完了していれば開始できる。
　　したがって、④は**作業C**（柱型枠の組立）となる。

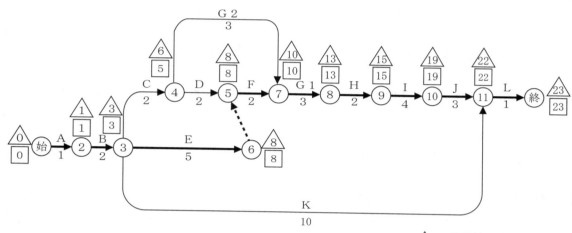

問題6	1.	①	分担	②	施工体系図
	2.	③	排水	④	沈下
	3.	⑤	指導	⑥	労働災害

解 説

1．建設業法　第24条の8第1項・第4項（施工体制台帳及び施工体系図の作成等）

　　特定建設業者は、国土交通省令で定めるところにより、当該建設工事における各下請負人の施工の**分担**関係を表示した**施工体系図**を作成し、これを当該工事現場の見やすい場所に掲げなければならない。

2．建築基準法施行令　第136条の3第6項（根切り工事、山留め工事等を行う場合の危害の防止）

　　建築工事等における根切り及び山留めについては、その工事の施工中必要に応じて点検を行ない、山留めを補強し、**排水**を適当に行なう等これを安全な状態に維持するための措置を講ずるとともに、矢板等の抜取りに際しては、周辺の地盤の**沈下**による危害を防止するための措置を講じなければならない。

3．労働安全衛生法　第60条（安全衛生教育）

　　事業者は、その事業場が建設業に該当するときは、新たに職務につくこととなった職長その他の作業中の労働者を直接**指導**又は監督する者（作業主任者を除く。）に対し、次の事項について、厚生労働省令で定めるところにより、安全又は衛生のための教育を行なわなければならない。

　　一　作業方法の決定及び労働者の配置に関すること
　　二　労働者に対する**指導**又は監督の方法に関すること
　　三　前二号に掲げるもののほか、**労働災害**を防止するため必要な事項で、厚生労働省令で定めるもの

平成 28 年度

1級 建築施工管理技術 検定試験

実地試験

問　題

問題1 建築工事の施工者に対して、建築物の施工品質の確保が強く求められている。あなたが経験した**建築工事**のうち、発注者や設計図書等により要求された品質を実現するため、品質計画に基づき**品質管理**を行った工事を**1つ**選び、工事概要を具体的に記入したうえで、次の1. から2. の問いに答えなさい。

なお、**建築工事**とは、建築基準法に定める建築物に係る工事とし、建築設備工事を除くものとする。

〔工事概要〕

 イ．工 事 名

 ロ．工 事 場 所

 ハ．工 事 の 内 容 新築等の場合：建物用途、構造、階数、延べ面積又は施工数量、
 　　　　　　　　　　　　　　主な外部仕上げ、主要室の内部仕上げ

 　　　　　　　　改修等の場合：建物用途、主な改修内容、施工数量又は建物規模）

 ニ．工 　 　 期 （年号又は西暦で年月まで記入）

 ホ．あなたの立場

1. 工事概要であげた工事で、あなたが担当した工種において実施した**品質管理活動**の事例を**2つ**あげ、次の①から③についてそれぞれ記述しなさい。

 ただし、2つの品質管理活動は、それぞれ異なる内容の記述とすること。

 ① 発注者や設計図書等により**要求された品質**及びその品質を満足させるために特に設定した**品質管理項目**を、**工種名**をあげて具体的に記述しなさい。
 ② ①で設定した品質管理項目について**取り上げた理由**を具体的に記述しなさい。
 ③ ①で設定した品質管理項目をどのように管理したか、その**実施した内容**を具体的に記述しなさい。

2. 工事概要にあげた工事にかかわらず、あなたの今日までの工事経験に照らして、品質管理目標、品質管理項目及び活動内容を協力業者等に、**周知するため**及びそれらに基いて施工されていることを**確認するため**の**方法・手段**を具体的に記述しなさい。

 なお、1.③の「実施した内容」と同一の記述は不可とする。

問題1 【解答欄】

イ. 工　事　名 ....

ロ. 工 事 場 所 ....

ハ. 工 事 の 内 容 ....

....

....

ニ. 工　　　期 　　　　　年　　　月 ～ 　　　　年　　　月

ホ. あなたの立場 ....

1.

		工　種　名	
(1)	①	要求された品質	
		品質管理項目	
	②	取り上げた理由	
	③	実施した内容	
(2)		工　種　名	
	①	要求された品質	
		品質管理項目	
	②	取り上げた理由	
	③	実施した内容	

2.

①周知するための 方法・手段	
②確認するための 方法・手段	

197

問題2 次の1. から3. の設備又は機械を安全に使用するための**留意事項**を、それぞれ**2つ**具体的に記述しなさい。

ただし、解答はそれぞれ異なる内容の記述とし、保護帽や要求性能墜落制止用器具などの保護具の使用、資格、免許及び届出に関する記述は除くものとする。

1. ロングスパンエレベーター

2. 高所作業車（クローラ式の垂直昇降型）

3. バックホウ（バケット容量0.5m³程度）

問題2 【解答欄】

1. ロングスパンエレベーター	(1)	
	(2)	
2. 高所作業車	(1)	
	(2)	
3. バックホウ	(1)	
	(2)	

問題3 次の1.から8.の各記述において、記述ごとの①から③の下線部の語句又は数値のうち**最も不適当な箇所番号**を1つあげ、**適当な語句**又は**数値**を記入しなさい。

1. ラフテレーンクレーンと油圧トラッククレーンを比較した場合、狭所進入、狭隘地作業性に優れるのは、ラフテレーンクレーンである。
①

　クローラクレーンのタワー式と直ブーム式を比較した場合、ブーム下のふところが大きく、より建物に接近して作業が可能なのは、直ブーム式である。
②

　また、定置式のタワークレーンの水平式と起伏式を比較した場合、吊上げ荷重が大きく揚程が高くとれるのは、起伏式である。
③

2. 根切りにおいて、床付け面を乱さないため、機械式掘削では、通常床付け面上30〜50cmの土を残して、残りを手掘りとするか、ショベルの刃を爪状のものに替えて掘削する。
①

　床付け面を乱してしまった場合は、粘性土であれば礫や砂質土などの良質土に置換するか、セメントや
②

石灰などによる地盤改良を行う。
③

3. アースドリル工法は、アースドリル機のクラウンの中心を杭心に正確に合わせ、機体を水平に据え付け、
①

掘削孔が鉛直になるまでは慎重に掘削を行い、表層ケーシングを鉛直に立て込む。

　一般に掘削孔壁の保護は、地盤表層部はケーシングにより、ケーシング下端以深は、ベントナイトや
②

ＣＭＣを主体とする安定液によりできるマッドケーキ（不透水膜）と水頭圧により保護する。
③

4. 鉄筋のガス圧接を行う場合、圧接部の膨らみの直径は、主筋等の径の1.2倍以上とし、かつ、その長さ
①

を主筋等の径の1.1倍以上とする。
②

　また、圧接部の膨らみにおける圧接面のずれは、主筋等の径の$\frac{1}{4}$以下とし、かつ、鉄筋中心軸の偏心
③

量は、主筋等の径の$\frac{1}{5}$以下とする。

5. 型枠に作用するコンクリートの側圧に影響する要因として、コンクリートの打込み速さ、比重、打込み高さ、柱や壁などの部位等があり、打込み速さが速ければコンクリートヘッドが大きくなって、最大側圧
①

が大となる。

また、せき板材質の透水性又は漏水性が大きいと最大側圧は小となり、打ち込んだコンクリートと型枠
　　　　　　　　　　　　　　　②
表面との摩擦係数が大きいほど、液体圧に近くなり最大側圧は大となる。
　　　　　　　　　③

6．型枠の高さが4.5m以上の柱にコンクリートを打ち込む場合、たて形シュートや打込み用ホースを接続
　　　　　　　①
してコンクリートの分離を防止する。

　たて形シュートを用いる場合、その投入口と排出口との水平方向の距離は、垂直方向の高さの約$\frac{1}{2}$以
　　②
下とする。

　やむを得ず斜めシュートを使用する場合、その傾斜角度は水平に対して、15度以上とする。
　　　　　　　　　　　　　　　　　　　　　　　　　　　　　　　③

7．鉄骨工事におけるスタッド溶接部の15°打撃曲げ検査は、150本又は主要部材1個に溶接した本数のいず
　　　　　　　　　　　　　　　　　　　　　　　①
れか少ない方を1ロットとし、1ロットにつき1本行う。
　　　②　　　　　　　　　　　　　　　③

　検査の結果、不合格になった場合は同一ロットからさらに2本のスタッドを検査し、2本とも合格の場
合はそのロットを合格とする。

8．トルシア形高力ボルトの締付け完了後の検査は、すべてのボルトについてピンテールが破断されている
　　①
ことを確認し、1次締付け後に付したマークのずれを調べる。

　ナット回転量に著しいばらつきが認められる群については、そのボルト一群のすべてのボルトのナット
　　　　　　　　　　　　　　　　　　　　　　　　　　　　　　　　②
回転量を測定し、平均回転角度を算出し、ナット回転量が平均回転角度±45度の範囲のものを合格とする。
　　　　　　　　　　　　　　　　　　　　　　　　　　　　　　　　③

問題3 【解答欄】

	不適当な箇所番号	適当な語句		不適当な箇所番号	適当な語句
1.			5.		
2.			6.		
3.			7.		
4.			8.		

問題4 次の1．から4．の問いに答えなさい。

ただし、解答はそれぞれ異なる内容の記述とし、材料の保管、気象条件等による作業の中止及び作業員の安全に関する記述は除くものとする。

1．屋上アスファルト防水保護層の平場部の工事における施工上の**留意事項**を2つ、具体的に記述しなさい。

ただし、保護層の仕上げはコンクリート直均し仕上げとする。

2．内装床の張物下地のセルフレベリング材塗りにおける施工上の**留意事項**を2つ、具体的に記述しなさい。

ただし、セルフレベリング材は固定プラント式のスラリータイプとし、専用車両で現場まで輸送供給されるものとする。

3．鉄筋コンクリート造の内壁モルタル下地面への有機系接着剤によるタイル後張り工法における施工上の**留意事項**を2つ、具体的に記述しなさい。

ただし、ユニットタイル張りに関する記述は除くものとする。

4．室内天井せっこうボード下地へのロックウール化粧吸音板張り工事における施工上の**留意事項**を2つ、具体的に記述しなさい。

ただし、下地材の調整、開口部補強及び張付け後の養生に関する記述は除くものとする。

問題4 【解答欄】

1.	留意事項	(1)	
		(2)	
2.	留意事項	(1)	
		(2)	
3.	留意事項	(1)	
		(2)	
4.	留意事項	(1)	
		(2)	

市街地での事務所ビルの建設工事における右に示す工程表に関し、次の1．から3．の問いに答えなさい。

なお、**解答の旬日は、上旬、中旬、下旬で記述しなさい。**

〔工事概要〕

　　用　　　　途：事務所

　　構造・規模：鉄骨造　地上5階、地下1階　延べ面積3,200㎡

　　　　　　　　ただし、地下1階は鉄骨鉄筋コンクリート造とする。

　　基　　　　礎：直接基礎（べた基礎）

　　山　留　め：ソイルセメント壁水平切梁工法とし、応力材の鋼材は引き抜かない。

　　　　　　　　山留め壁は、地下外周壁の外型枠として兼用する。

　　揚　　　　重：鉄骨建方及びPCカーテンウォールの取付けは、クライミング式ジブクレーンで行う。

　　外部仕上げ：屋根はアスファルト防水のうえ、保護コンクリート直均し仕上げ、

　　　　　　　　外壁のうち2面はスパンドレル方式の50角モザイクタイル打込みPCカーテンウォール、

　　　　　　　　他の2面は工場で仕上げ済みのALCパネルとする。

1．工程表中の鉄骨工事の**A**及び内装工事の**B**に該当する作業名をあげなさい。

2．作業の終了日が工程上**最も不適当な作業名**を工程表の中より選び、適当な工程となるように、その**終了日**を月次と旬日で定めなさい。

3．建具工事における**2～5F外部建具取付け**の作業工程は、未記入となっている。適当な工程となるように、その作業の**開始日**及び**終了日**の期日を月次と旬日で定めなさい。

【解答欄】

1．　Aに該当する作業名　----------------------------　Bに該当する作業名　----------------------------

2．　最も不適当な作業名　----------------------------　終　了　日　----------月----------旬

3．　開　始　日　----------月----------旬　終　了　日　----------月----------旬

工種＼月	1	2	3	4	5	6	7	8	9	10	11	12

着工 ▽　　地下躯体完了 ▽　　躯体完了 ▽　　受電 ▽　　竣工 ▽

仮設工事
- 準備
- クライミング式ジブクレーン
- 片付け清掃
- 外部足場　ロングスパンエレベーター
- 乗入れ構台
- 仮設ゴンドラ

土工事
- 山留め壁　　切梁
- 1次掘削　　2次掘削

地業工事
- 砂利地業・捨てコンクリート

鉄筋・型枠コンクリート工事
- 地中梁・B1F床　　2F床　4F床　RF床　揚重機開口閉鎖
- 耐圧盤　　B1F立上り・1F床　　3F床　5F床　保護コンクリート

鉄骨工事
- A
- B1F鉄骨建方・本締め
- 地上鉄骨建方・本締め
- デッキプレート敷き・頭付きスタッド溶接
- 合成耐火被覆吹付け

防水工事
- 屋根アスファルト防水
- 伸縮調整目地
- 外部シーリング(1)　外部シーリング(2)

ALCパネル（外壁）工事
- ALCパネル取付け

PCカーテンウォール工事
- PCカーテンウォール取付け

建具工事
- 1F外部建具取付け
- 2〜5Fガラス取付け　1Fガラス取付け
- 内部建具・ガラス取付け共

金属工事
- 壁・天井軽量鉄骨下地組み

内装工事
- 壁ボード張り
- 天井ボード張り
- 内部壁紙張り
- B

塗装工事
- 塗装仕上げ

外構工事
- 植栽・舗装工事

エレベーター工事
- 据付工事　　仮設使用

設備工事
- 電気・給排水衛生・空調設備工事

検査
- 中間検査　　消防中間検査　　完了検査

203

問題6 次の1．から3．の問いに答えなさい。

1．「建設業法」に基づく主任技術者及び監理技術者に関する次の文章において、 にあてはまる**語句**を記述しなさい。

　　主任技術者及び監理技術者は、工事現場における建設工事を適正に実施するため、当該建設工事の ① の作成、 ② 、品質管理その他の技術上の管理及び当該建設工事の施工に従事する者の技術上の指導監督の職務を誠実に行わなければならない。

2．「建築基準法施行令」に基づく建て方に関する次の文章において、 にあてはまる**語句**を記述しなさい。

　　建築物の建て方を行なうに当たっては、 ③ を取り付ける等荷重又は外力による ④ を防止するための措置を講じなければならない。

3．「労働安全衛生法」に基づく健康診断に関する次の文章において、 にあてはまる**語句**を記述しなさい。

　　事業者は、 ⑤ な業務で、政令で定めるものに従事する労働者に対し、厚生労働省令で定めるところにより、 ⑥ による特別の項目についての健康診断を行なわなければならない。

問題6 【解答欄】

1． ① -------------------------------　② -------------------------------
2． ③ -------------------------------　④ -------------------------------
3． ⑤ -------------------------------　⑥ -------------------------------

平成 28 年度

1級 建築施工管理技術検定試験

実地試験

解答例・解説

イ. 工　事　名　　○○○○マンション新築工事
ロ. 工事場所　　東京都小金井市○町○丁目○番○号
ハ. 工事の内容　　共同住宅、鉄筋コンクリート造、地上8階、延べ面積1,965㎡、
　　　　　　　　外壁：45二丁掛けタイル張り、床：フローリング張り、
　　　　　　　　壁・天井：ＰＢ下地ビニルクロス張り
ニ. 工　　　期　　2014 年　　4 月 ～　2015 年　　5　月
ホ. あなたの立場　　工事主任

1.

		工　種　名	コンクリート工事
(1)	①	要求された品質	耐久性のある密実なコンクリートの打設
		品質管理項目	コンクリートの打設管理
	②	取り上げた理由	漏水の原因となるコンクリートのひび割れ・コールドジョイントの発生等をコンクリートの打設管理により防ぐことで、品質の確保となるため。
	③	実施した内容	高周波バイブレーターで密実に内外から叩き締め、昼休みは交代要員を配置して連続打設を実施し、コールドジョイントを防止した。
(2)	①	工　種　名	左官工事
		要求された品質	露出防水勾配屋根の下地精度
		品質管理項目	屋根勾配と平滑性の確保
	②	取り上げた理由	勾配屋根はコンクリートを打設しながら水勾配に合わせて、天端を平滑に均した面が防水下地となるので、下地精度が防水工事の品質の確保となるため。
	③	実施した内容	コンクリート打設前に型枠の各方向から2m間隔に、天端のポイントとなるガイドの金物を取付け、レベルを取りコンクリートの均しを実施した。

2.

①周知するための　方法・手段	要求された品質を確保するために、品質管理項目と目標を定め、協力会社と協議して具体的な方法を記載すると共に、具体的な目標値も周知させる。
②確認するための　方法・手段	品質管理項目についてチェックシートを作成して管理し、特にコンクリート打設前検査等の事前確認検査を重視して、デジカメにより写真データを保存して確認している。

問題1 【解答例－2】

イ. 工 事 名　　○○○○ビル新築工事
ロ. 工 事 場 所　　東京都千代田区九段下○丁目○番○号
ハ. 工 事 の 内 容　　事務所、鉄骨造（B1F：SRC）、地下1階、地上8階、延べ面積1,830㎡、
　　　　　　　　　　　外壁：アルミCW、押出し成形セメント板＋VE塗装、
　　　　　　　　　　　床：OAフロアの上タイルカーペット、壁：PB下地AP塗装、天井：岩綿吸音板
ニ. 工 期　　2014 年　　11月　～　2015 年　　10月
ホ. あなたの立場　　工事主任

1.

		工 種 名	鉄筋工事
(1)	①	要求された品質	耐久性のある地下躯体
		品質管理項目	柱・梁接合部の鉄骨と鉄筋のあき及びかぶり厚さの確保
	②	取り上げた理由	地階の鉄骨鉄筋コンクリート部分は、部材内に鉄骨があるため鉄筋が所定の位置に納まらなくなり、かぶり厚さ不足により品質低下のおそれがあるので、耐久性の確保が重要となるため。
	③	実施した内容	地階の梁主筋に太物を使用するため、事前に鉄骨と鉄筋の納まり図を作成し、柱鉄骨にあける梁主筋の孔及び柱帯筋の孔の位置を確認し、かぶり厚さを確保した。
(2)		工 種 名	防水工事
	①	要求された品質	耐久性があり漏水の無い防水層
		品質管理項目	防水下地の平滑性と乾燥度の確認
	②	取り上げた理由	アスファルト防水層は釘等の突起物があると穴あきや亀裂の原因になり、コンクリートのこぼれなどの処理等も重要であり、又、下地の乾燥が防水層の品質に影響があるため。
	③	実施した内容	釘・番線・コンクリートのこぼれをグラインターにて削り平滑にして亀裂等を補修した後、下地コンクリートの含水率が8％以下になったことを確認後、防水層を施工した。

2.

①周知するための　方法・手段	品質管理項目に対して、定量化された具体的な目標値を提示して、作業手順に盛り込み、朝会等にて全員に徹底してから作業を開始するように周知させる。
②確認するための　方法・手段	管理項目と管理値、確認時期をチェックリストにし施工者の自主検査にて全数確認を実施させると共に、不合格の部分については手直しを実施し、再確認する。

【解答例－3】

イ．工　事　名　　○○○社柏独身寮改修工事
ロ．工　事　場　所　　千葉県市川市△△○丁目○番○号
ハ．工　事　の　内　容　　寄宿舎、ＲＣ造３階、改修延べ面積1,527㎡
　　　　　　　　　　　　外壁：ＥＰ塗替え、屋上：改良アスファルトシート防水張替え、
　　　　　　　　　　　　床：フローリング張替え、壁・天井：ＰＢ下地ビニールクロス張替え
ニ．工　　　期　　　平成 27 年　7 月 ～ 平成 27 年　9 月
ホ．あなたの立場　　工事主任

1.

		工　種　名	防水工事
(1)	①	要求された品質	耐久性があり漏水の無い防水層
		品質管理項目	防水下地（既存押えコンクリート）の平滑性と乾燥度の確認
	②	取り上げた理由	下地の既存押えコンクリートは、ひび割れや不陸が多く、防水層の耐久性を確保するためには平滑に補修し、押えコンクリートの乾燥度の確認が必要なため。
	③	実施した内容	既存の押えコンクリートの不陸・ひび割れ調整及び清掃後に含水率を8%未満となるまで乾燥させ、プライマー処理を行い十分に乾燥後に改良アスファルト防水を実施した。
(2)	①	工　種　名	内装工事
		要求された品質	カビが発生しない精度の高い壁仕上げ
		品質管理項目	ＰＢの養生と下地処理の確認
	②	取り上げた理由	ＧＬ工法の場合、乾燥が遅いため十分な養生期間によりカビの発生を抑える必要があり、ビニールクロスの場合、下地の凹凸や目違いが直接仕上り精度に関係するため。
	③	実施した内容	ＰＢ施工後は3週間以上室内を通気し、乾燥養生を実施した後、目違いや凹凸はパテ処理及びペーパー掛けを行い、下地点検後にビニールクロス張りを実施した。

2.

①周知するための 方法・手段	施工計画書を作成し協力業者と具体的な方法を記載した要領書の作成を行い、具体的（挿絵のついた）な作業手順にして開始前に説明し、周知徹底させる。
②確認するための 方法・手段	チェックリストを作成して職長に自主確認を実施させ、確認を記録したチェックリストに基づいて、管理限界に近い箇所を中心に検査を実施し、確認をする。

■ 解 説

1．建築工事の施工管理を実施する上で重要な安全・品質・工程・原価・環境管理のなかで、品質管理は完成した建物を使用する発注者にとって、耐久性・美観等の品質を左右するもっとも重要な管理と言える。

　　したがって、発注者や設計図書等（発注者・設計者の意図が表現されている。）が要求する品質（**要求品質：要求された品質**）を実現するために品質計画を立案して、それを実現するための具体的な**品質管理項目**（品質管理目標を含む）を定めて、品質管理を実施する必要がある。

　　したがって、**要求された品質**は一般的には耐久性・精度（躯体・仕上）・美観等に関して発注者等から要求された品質で、**品質管理項目**はその要求された品質を実現するために重要な管理する項目である。

　　取り上げた理由には要求された品質に対して何故その「品質管理項目」にしたのか要求品質を達成するポイントとなることが分かる内容とする。

　　実施した内容には「品質管理項目」を実際にどの様に管理したか具体的に記述する。

2．品質管理を実施するにあたり、発注者等からの「要求品質」を実現させるために「品質管理項目」と「品質管理目標」（出来れば計測できる定量化された目標）を立案し、その具体的な活動を実際に行う協力業者等に周知しなければならない。又、周知通りに実施されているかの確認が品質管理では重要になる。

　　したがって、**周知するための方法・手段**には定量化された具体的な目標値を示し、その方法（作業手順）を定め朝会・昼礼・作業前ミーティングなどの徹底する手段等を具体的に記述する。

　　確認するための方法・手段にはチェックリスト、検査等の具体的な方法を記述する。

1. ロング スパン エレベーター	(1)	運転には一定の合図を定め合図者を指名して作業を行う。運転者は同エレベーターの機能、操作方法、故障時の処置を熟知した者とする。
	(2)	自動落下防止装置等の安全装置は正常に作動するように整備する。定期点検が実施されているか確認する。
2. 高所作業車	(1)	手摺に足を掛けたり足場板を敷いた作業床に脚立を使用する作業は禁止する。搭乗者を含めて過積載をしない。特に上昇後の荷の受渡しによる過積載に注意する。
	(2)	作業床から物を落とさない様に、袋、箱等を使用する。複数の作業員が作業床上で共同作業を行う場合は、声を掛け合う等連携を密にする。
3. バックホウ	(1)	挟まれ等の災害防止の為、バックホウの回転範囲への立ち入り禁止処置を行う。バックホウの旋回は低速運転で行う。
	(2)	転倒防止のため、地盤沈下、路肩の崩壊に留意し敷鉄板等の平滑な場所に設置する。合図を定めて合図者を指名して作業を行う。

解 説

1．ロングスパンエレベーター

　現場において揚重作業は重要になるが、主に仕上げ材の揚重に使用されるのが、建設用リフト（荷物のみの揚重）と工事用エレベーター（人荷共用）に大別され、長物の資材を横にして昇降できるように横に長いタイプの工事用エレベーターがロングスパンエレベーターで、人間が乗るスペースの上に落下物から人間を守るための防護棚があり、駆動方式は専用ガイドレールを歯車が回転して昇降する。制御盤は荷台の端部内側の防護棚の下で、乗っている人が昇降の操作をする。安全に使用するための留意事項は以下のとおり。

① 運転には一定の合図を定め合図者を指名して作業を行う。

② 運転者は使用するロングスパンエレベーターの機能、操作方法、故障時の処置を熟知した者とする。

③ 積載荷重の表示を行う。

④ 自動落下防止装置等の安全装置は正常に作動するように整備する。

⑤ 定期点検が実施されているか確認する。

⑥ 安全装置のスイッチを切って使用しない。

⑦ 積載物の最大寸法に応じた荷台面積とし、積載物が荷台より出ないようにする。

⑧ 設置は水平で堅固な地盤面等とし、壁つなぎを取り倒壊、落下が無いよう留意する。

⑨ 作業員や長尺の資材等が昇降路内に入らない様に養生囲いを設ける。

2．高所作業車（クローラ式の垂直昇降型）

　高所作業車は高所の工事、点検、補修等に使用される機械で作業床及び昇降装置等で構成されて、作業床が昇降装置等で昇降でき動力により不特定の場所に自走して移動できる。走行方式の分類でトラック搭載式、自走式（クローラ式を含む）に分かれ、構造による分類では、ブーム式と垂直昇降式（作業床が垂直に昇降）に分かれる。安全に使用するための留意事項は以下のとおり。

① 転倒・転落防止のため、地盤沈下、路肩の崩壊、開口部の措置を講じる。

② 手摺に足を掛けたり足場板を敷いた作業床に脚立を使用する作業は禁止する。

③ アウトリガーを使用するタイプの構造のものは必ずアウトリガーを最大限張り出す。

④ 搭乗者を含めて過積載をしない。特に上昇後の荷の受渡しによる過積載に注意する。

⑤ 作業範囲には関係者以外の立ち入りを禁止する。

⑥ 乱暴な運転操作は行わない。

⑦ 作業床から物を落とさない様に、袋、箱等を使用する。

⑧ 複数の作業員が作業床上で共同作業を行う場合は、声を掛け合う等連携を密にする。

3．バックホウ（バケット数量0.5㎥程度）

　バックホウは掘削機・油圧ショベルと総称される建設機械のうち、ショベル（バケット）をオペレータ側向きに取り付けた形態である。ドラグショベルともいいオペレータ側向きのショベルで自分に引き寄せる（抱え込む）方向に掘削操作を行う。従って地表面より低い場所の掘削に適している。バケット数量0.5㎥程度は大型に分類され、一般（木造住宅などの小規模工事を除く）の建築工事で多く使用される。安全に使用するための留意事項は以下のとおり。

① 挟まれ等の災害防止の為、バックホウの回転範囲への立ち入り禁止措置を行う。

② 合図を定めて合図者を指名して作業を行う。

③ バックホウの旋回は低速運転で行う。

④ 作業の性質上やむを得ない場合又は安全作業上必要で、専用のフックの使用等、すべての安全措置が出来る場合以外はバックホウでの荷等の吊り上げは禁止とする。

⑤ 転倒防止のため、地盤沈下、路肩の崩壊に留意し、敷鉄板等の平滑な場所に設置する。

	不適当な 箇所番号	適当な語句			不適当な 箇所番号	適当な語句
1.	②	タワー式		5.	③	小さい
2.	①	平状		6.	③	30
3.	①	ケリーバー		7.	①	100
4.	①	1.4		8.	③	30

■ 解 説

1. ジブを垂直に固定して、その先に丈夫で傾けるジブを取付けた**タワー式**クローラクレーンの方が補助ジブ等の無いタイプでジブを傾けて揚重する直ブーム（ジブ）式より、建物に接近できて揚重が可能である。ラフテレーンクレーンは2軸4輪駆動式で、1つの運転室でクレーン作業と走行を行うことができ、トラックの上に旋回サークルやアウトリガーを装備し、その上部にクレーン装置を架装した油圧トラッククレーンより同じ揚重能力であれば狭所侵入、狭隘地作業性に優れている。タワークレーンは、定置式建方機械として使用され、ブームの形式によって水平式と起伏式に分けられる。起伏式は、水平式より吊り上げ荷重が大きく、高層ビルに適している。

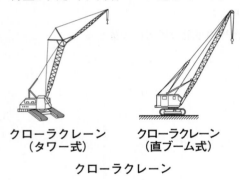

クローラクレーン
（タワー式）　クローラクレーン
（直ブーム式）

クローラクレーン

2. 機械式掘削で床付けを行う場合、通常床付け面より、30〜50cmの位置より手掘りとするか、ショベルのバケットに**平状**のアタッチメントを取付けて床付け面を乱さないようにして機械を後退させながら施工する。

3. アースドリル工法の掘削機の据え付けは**ケリーバー**の中心を杭芯に正確に合わせて、機体を水平に据え付ける。

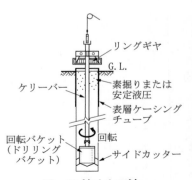

リングギヤ
G.L.
素掘りまたは
安定液圧
ケリーバー
表層ケーシング
チューブ
回転バケット
（ドリリング
バケット）　回転
サイドカッター

アースドリル工法

4. 鉄筋のガス圧接の圧接に関する品質は以下のとおり。

- 圧接部ふくらみの直径は、鉄筋径（径の異なる場合は細い方の鉄筋径）の**1.4倍以上**で、あること。
- 圧接部のふくらみの長さは鉄筋径の1.1倍以上とし、その形状がなだらかであること。かつ、その長さは主筋等の径の1.1倍以上とする。
- 圧接面のずれは、鉄筋径の1/4以下であること。
- 圧接部における鉄筋中心軸の偏心量は、鉄筋径（径の異なる場合は細い方の鉄筋径）の1/5以下であること。
- 圧接部は、強度に影響を及ぼす折れ曲り、片ふくらみ、焼割れ、へこみ、垂下がり及び内部欠陥がないこと。

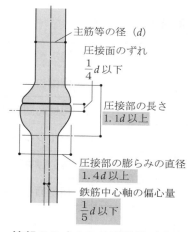

接部のふくらみの形状及び寸法

5. 型枠に掛かる側圧はコンクリートのヘッド（側圧を求める位置から上のコンクリート打込み高さ）・打込み速度・単位容積重量（比重）や柱、壁などの部位によって以下のように変化する。

- 打込んだコンクリートと型枠表面の摩擦係数が**小さい**ほど液体圧に近く　→　最大側圧は大きくなる。
- せき板材質の透水性又は漏水性が大きいとコンクリート内の水分が早く抜けるため型枠表面の摩擦係数が大きくなり　→　最大側圧は小さくなる。
- コンクリートヘッドは打込み速度が早ければ　→　側圧が大きくなる。
- コンクリートヘッドが大きくなると　→　側圧が大きくなる。
- 打込んだコンクリートの比重が大きくなれば　→　側圧が大きくなる。

6. コンクリートの打設において、傾斜型（斜め）シュートはコンクリートの分離を避けるため使用をなるべく避ける。用いる場合の傾斜角は**30度以上**とする。高い柱（4.5～5ｍ以上）にコンクリートを打込む場合、縦形（フレキシブル）シュートを使用できる場合はこれを利用して常に打上げ面近くでコンクリートを放出する。その投入口と排出口との水平方向の距離は、垂直方向の高さの1/2以下とする。

7. スタッド溶接部の打撃曲げ試験は、スタッドの種類及びスタッド溶接される部材が異なるごとに、かつ、**100本ごと**及びその端数について試験ロットを構成し、1ロットにつき1本以上抜き取る。試験したスタッドが不合格の場合は、同一ロットから更に2本のスタッドを試験し、2本とも合格した場合は、そのロットを合格とする。それ以外の場合は、ロット全数について試験する。

8. トルシア形高力ボルトの締付け検査は、締付け完了後に一次締めの際につけたマーキングのずれ、ピンテールの破断等により、全数本締めの完了したことを確認するとともに、とも回り及び軸回りの有無、ナット回転量並びにナット面から出たボルトの余長を確認した結果、ナット回転量に著しいばらつきの認められる群については、そのボルト群のすべてのボルトのナット回転量を測定し、平均回転角度を算出し、平均回転角度±30度の範囲のものを合格とする。ボルトの余長は、ナット面から突き出た長さが、ねじ1～6山の範囲のものを合格とする。

問題4 【解答例】

1.	留意事項	(1)	防水層のアスファルトが支障のない温度になってから断熱材を隙間なく張り付ける。
		(2)	保護コンクリート中に溶接金網を敷込む。重ねは1節半以上かつ150mm以上とする。
2.	留意事項	(1)	可使時間内に製造所より施工現場に輸送して施工を行う。
		(2)	セルフレベリング材の品質は、公的機関で行った試験の試験成績書にて確認する。
3.	留意事項	(1)	張付けは手でもみ込むようにして押え付け、目地部に接着剤がはみ出すようにする。
		(2)	目地直しは張付けタイルが自由に動く間に行う。
4.	留意事項	(1)	ステープルの打込み方向は表面の模様方向と平行にする。
		(2)	接着剤は15点以上の点付けとし、ステープルの打込み後は浮きがないか確認する。

■ 解 説

1．屋上アスファルト防水保護層の平場部の工事における施工上の留意事項

保護層の押えコンクリートの施工上の留意事項は以下による。

● 保護層の施工前にルーフィング類の欠陥（継手幅は100mm以上で水下が下等）がないか確認する。

● 保護層の下地（アスファルト防水層の完了状態）は平たんで鉄筋等の突起物が無く、くぼみ等がないか確認する。

● 断熱材を張り付ける場合は、防水層の最終工程のアスファルトが断熱材に支障のない温度になってから隙間なく張り付ける。断熱材にへこみ、欠損が生じた場合は、防水層に傷を付けない様に断熱材を挿入し補修する。

● 絶縁シートは100mm程度の重ね幅をとって引き込み粘着テープなどで固定する。強風時には重ね部分の要所をモルタルで押えて固定する。

● 保護コンクリート中に溶接金網を敷き込む。重ねは1節半以上かつ150mm以上とする。

● 保護コンクリートの厚さは80mm程度以上として勾配をとる。

● 伸縮調整目地を押えコンクリートの上から下まで通して間隔は縦横3m程度とする。

2．内装床の張物下地のセルフレベリング材塗りにおける施工上の留意事項

セルフレベリング材塗りの施工上の留意事項（セルフレベリング材は固定プラント式のスラリータイプとし、専用車両で現場まで輸送されるのが条件のため同内容での留意事項も記述可能だが、現場製造用のセルフレベリング材の有効期限や保管方法等は記述できないので注意する事。）は以下のとおり。

● シーラーは合成樹脂エマルションを用い、すり込むように塗布し乾燥させる。

● セルフレベリングは風で表層が動き変形して硬化するので施工中は通風をさける。

● 可使時間内に製造所より施工現場に輸送して施工を行う。

● セルフレベリング材の品質は、公的機関で行った試験の試験成績書にて確認する。

3．鉄筋コンクリート造の内壁モルタル下地面への有機系接着剤によるタイル張り工法における施工上の留意事項

　　内壁モルタル下地面への有機系接着剤によるタイル張り工法における施工上の留意事項は以下の通り（ユニットタイル張りに関する記述は除くので注意する）。

●使用環境、下地、タイルに応じた接着剤を金ごて等で塗布し（通常3mm程度）、くし目ごてにて目を立ててタイルを張り付ける。

●接着剤の1回の塗布面積は3㎡以内とし、30分以内に張り終える面積とする。

●接着剤が2液混合型の場合は、季節や施工時の温度によって張付け可能時間が異なるので注意する。

●張付けは手でもみ込むようにして押え付け、目地部に接着剤がはみ出すようにする。

●タイル張り中にタイル表面に付着した接着剤は、その都度直ちに布で拭き取る。

●目地直しは張付けタイルが自由に動く間（通常、タイル張り付け後30分程度）に行う。

4．室内天井せっこうボード下地へのロックウール化粧吸音板張り工事における施工上の留意事項

　　ロックウール化粧吸音板張り工事における施工上の留意事項（下地材の調整、開口補強及び張付け後の養生に関する記述は除く）は以下の通り。

●下地せっこうボードの目地とロックウール化粧吸音板の目地は50mm以上離す。

●接着剤は15点以上の点付けとし、ステープルの打込み後は浮きがないか確認する。

●湿式タイプの化粧吸音板は酢酸ビニルエマルション形、半乾式タイプは酢酸ビニル溶剤形の接着剤を使用する。

●ステープルの打込み方向は表面の模様方向と平行にする。

●ステープルの打込み後は、ステープルに浮きが無いように確認する。

【解答例】

1.　Aに該当する作業名　<u>アンカーボルト設置</u>　Bに該当する作業名　<u>床仕上げ張り</u>
2.　最も不適当な作業名　<u>クライミング式ジブクレーン</u>　終　了　日　<u>8　月　中　旬</u>
3.　開　始　日　<u>7　月　下　旬</u>　終　了　日　<u>8　月　中　旬</u>

■ 解　説

　バーチャート（棒線・横線）工程表にて作成された事務所ビルの新築工事の工程表に対する設問で工事概要の「揚重」に「鉄骨建方及びPCカーテンウォールの取付けは、クライミング式ジブクレーンで行う。」とあり、鉄骨建方及びPCカーテンウォールの取付けの2つの工事が終了しないと同クレーンの解体は出来ないことを示している。又、「外部仕上げ」の記載から外壁はPCカーテンウォール・ALCパネルいずれも仕上げ済みで、取付け後はシール等の残工事しかなく、仮設ゴンドラでの施工が可能であることも考慮できる。

1．Aに該当する鉄骨工事の最初の作業で、鉄筋・型枠・コンクリート工事の耐圧盤の後で地中梁・B1F床の初めに位置している作業は「**アンカーボルト設置**」または「**アンカーボルト**」が想定される。通常アンカーボルトは地中梁の中に打込み用架台と共にこの時期にセットする。

　　Bに該当する内装工事では通常、壁（又は天井）→天井（又は壁）→床の順に仕上げ工事が進む。床工事に関連する塗装工事は床工事の後が通常で、各階での工事があり、Bの作業は塗装よりあとに工期が延びている。概要で特別に床仕上げが示されていない為、「**床仕上げ張り**」または「**床仕上げ**」が想定される。

2．仮設工事の「**クライミング式ジブクレーン**」の終了時期がPCカーテンウォールの終了より早く終わっている。※条件では同作業はクライミング式ジブクレーンにて行うようになっている。PCカーテンウォール取付け作業は鉄筋・型枠・コンクリート工事のRF床が完了してから養生期間を含め妥当な終了時期と判断できる。したがって、「PCカーテンウォール取付け」終了日より後か同時で撤去が出来れば同設置箇所に後から設置される「仮設ゴンドラ」の前の終了となり工程上最良である。したがって、終了日は**8月中旬**となる。

3．「2～5F外部建具取付け」は外壁工事の「PCカーテンウォール取付け」、「ALCパネル取付け」の工事が終了した階からの開始となり、外壁工事の最終階が完了（**8月中旬**）した後の終了日となる。また、「2～5Fガラス取付け」の開始（8月上旬）より早く開始し、同工事終了（8月下旬）より早く終了しなければならない。したがって、開始日は**7月下旬**、終了日は**8月中旬**となる。

問題6 【解答例】

1. ① 施工計画 ② 工程管理
2. ③ 仮筋かい ④ 倒壊
3. ⑤ 有害 ⑥ 医師

解 説

1. 建設業法 第26条の4第1項

主任技術者及び監理技術者は、工事現場における建設工事を適正に実施するため、当該建設工事の**施工計画**の作成、**工程管理**、品質管理その他の技術の管理及び該当建築工事の施工に従事する者の技術上の指導監督の職務を誠実に行わなければならない。

2. 建築基準法施行令 第136条の6

建築物の建て方を行なうに当たっては、**仮筋かい**を取付ける等荷重又は外力による**倒壊**を防止するための処置を講じなければならない。

3. 労働安全衛生法 第66条第2項

事業者は**有害**な業務で、政令で定めるものに従事する労働者に対し、厚生労働省令で定めるところにより、**医師**による特別の項目についての健康診断を行わなければならない。

平成 27 年度

1級 建築施工管理技術検定試験

実地試験

問　題

問題 1 建設工事における建設副産物は、その種類と発生量が多いため、建設業においては資源循環型社会の推進に向けて建設副産物に対する更なる取組みが求められている。

あなたが経験した**建築工事**のうち、施工にあたり**建設副産物対策**を計画し実施した工事を1つ選び、工事概要を記入したうえで、次の1. から2. の問いに答えなさい。

なお、**建築工事**とは、建築基準法に定める建築物にかかる工事とし、建築設備工事を除くものとする。

〔工事概要〕

イ．工　　事　　名

ロ．工　事　場　所

ハ．工　事　の　内　容　┌ 新築等の場合：建物用途、構造、階数、延べ面積（又は施工数量）、
　　　　　　　　　　　　│　　　　　　　　 主な外部仕上げ、主要室の内部仕上げ
　　　　　　　　　　　　└ 改修等の場合：建物用途、主な改修内容、施工数量（又は建物規模）

ニ．工　　　　　期　　（年号又は西暦で年月まで記入）

ホ．あなたの立場

1. 工事概要であげた工事において、あなたが計画し実施した建設副産物対策のうちから**発生抑制**について**2つ**、**再生利用**について**1つ**あげ、次の①から③の事項についてそれぞれ具体的に記述しなさい。

ただし、②の「計画・実施した内容」はそれぞれ異なる内容の記述とする。

① 工　　　種　　　名

② 計画・実施した内容

③ 結　果　と　波　及　効　果

2. 工事概要にあげた工事にかかわらず、あなたの今日までの工事経験に照らして、現場で分別された産業廃棄物の**適正処分**にあたっての**留意事項**を**2つ**、産業廃棄物をあげて具体的に記述しなさい。

ただし、留意事項はそれぞれ異なる内容の記述とする。

【解答欄】

イ. 工 事 名　　...

ロ. 工 事 場 所　　...

ハ. 工 事 の 内 容　　...

　　　　　　　　　...

ニ. 工 　 　 期　　.................. 年 　 月 ～ 　 　 　 年 　 　 月

ホ. あなたの立場　　...

1.

<table>
<tr><td rowspan="3">(1)</td><td>建設副産物対策</td><td>発生抑制</td><td>①工種名</td><td></td></tr>
<tr><td>②計画・実施した内容</td><td colspan="3"></td></tr>
<tr><td>③結果と波及効果</td><td colspan="3"></td></tr>
<tr><td rowspan="3">(2)</td><td>建設副産物対策</td><td>発生抑制</td><td>①工種名</td><td></td></tr>
<tr><td>②計画・実施した内容</td><td colspan="3"></td></tr>
<tr><td>③結果と波及効果</td><td colspan="3"></td></tr>
<tr><td rowspan="3">(3)</td><td>建設副産物対策</td><td>再生利用</td><td>①工種名</td><td></td></tr>
<tr><td>②計画・実施した内容</td><td colspan="3"></td></tr>
<tr><td>③結果と波及効果</td><td colspan="3"></td></tr>
</table>

2.

<table>
<tr><td rowspan="2">(1)</td><td>産業廃棄物</td><td></td></tr>
<tr><td>適正処分に
あたっての留意事項</td><td></td></tr>
<tr><td rowspan="2">(2)</td><td>産業廃棄物</td><td></td></tr>
<tr><td>適正処分に
あたっての留意事項</td><td></td></tr>
</table>

平成27年度　試験問題

221

問題2 建築工事において、次の1.から 3.の仮設物の設置計画の作成にあたり、**留意・検討すべき事項**を**2つ**、具体的に記述しなさい。

ただし、解答はそれぞれ異なる内容の記述とし、設置後の保守点検等の運用管理に関する記述は除くものとする。また、使用資機材に不良品はないものとする。

1. 外部枠組足場

2. 仮設電力設備

3. 荷受け構台

問題2 【解答欄】

1.外部 枠組足場	(1)	
	(2)	
2.仮設電力 設備	(1)	
	(2)	
3.荷受け 構台	(1)	
	(2)	

問題3 次の1.から4.の問いに答えなさい。

　　ただし、解答はそれぞれ異なる内容の記述とし、作業環境（気象条件等）、材料の保管及び作業員の安全に関する記述は除くものとする。

1. 場所打ちコンクリート杭地業（アースドリル工法）において、**スライム処理**及び**安定液**についての施工上の留意事項を、**それぞれ**具体的に記述しなさい。

2. 鉄筋コンクリート造の型枠工事において、床型枠用鋼製デッキプレート（フラットデッキプレート）の施工上の留意事項を、**2つ**具体的に記述しなさい。

　　ただし、材料の選定に関する記述は除くものとする。

3. 普通コンクリートを用いる工事において、ひび割れを防止するためのコンクリートの調合上の留意事項を、**2つ**具体的に記述しなさい。

4. 鉄骨工事において、梁上に頭付きスタッドをアークスタッド溶接する場合の施工上の留意事項を、**2つ**具体的に記述しなさい。

　　ただし、頭付きスタッドに不良品はないものとし、電源、溶接機及び技量資格に関する記述は除くものとする。

問題3 **【解答欄】**

1.	(1)	
	(2)	
2.	(1)	
	(2)	
3.	(1)	
	(2)	
4.	(1)	
	(2)	

次の１．から８．の各記述において、記述ごとの①から③の下線部の語句のうち**最も不適当な箇所番号**を１つあげ、**適当な語句**を記入しなさい。

1．ゴムアスファルト系塗膜防水材には、手塗りタイプと吹付けタイプがあり、手塗りタイプにはゴムアスファルト<u>エマルション</u>だけで乾燥造膜するものと硬化剤を用いて反応硬化させるものがある。また、吹付けタイプには、乾燥造膜や反応硬化によるものの他に、専用吹付機を用いてゴムアスファルト<u>エマルション</u>と凝固剤を<u>交互</u>に吹き付けて、凝固・硬化を<u>促進</u>させ防水層を形成させるものがあり、鉄筋コンクリート造の地下外壁の外防水等に用いられる。
①／①②③の番号

2．鉄筋コンクリート造のセメントモルタルによる外壁タイル後張り工法における引張接着強度検査は、施工後２週間以上経過した時点で引張接着試験機を用いて行い、引張接着強度と<u>破壊状況</u>に基づき合否を判定する。
①

　下地がモルタル塗りの場合の試験体は、タイルの目地部分を<u>下地モルタル</u>面まで切断して周囲と絶縁したものとし、試験体の数は、100㎡以下ごとに１個以上、かつ全面積で<u>３個以上</u>とする。
②　　　　　　　　　　　　　　　　　　　　　　　　　　　　　　　　③

3．鋼板製折板葺き屋根における<u>けらば包み</u>の継手位置は、端部用タイトフレームの位置よりできるだけ<u>離す</u>方がよい。また、けらば包み相互の継手の重ね幅は<u>60mm</u>以上とし、当該重ね内部に不定形又は定形シーリング材をはさみ込み、<u>ドリリングタッピンねじ</u>等で締め付ける。
①　　　　　　　　　　　　　　　　　　　　　　　　②　　　　　　　　　　　　　　　　　③

4．屋内の軽量鉄骨天井下地の吊ボルトは、間隔を<u>900mm</u>程度とし、周辺部は端から<u>300mm</u>以内に鉛直に取り付ける。
①　　　　　　　　　　　②

　また、下地張りのある場合の野縁の取付け間隔は、<u>360mm</u>程度とする。
③

5．セメントモルタル塗りの表面仕上げには、金ごて仕上げ、木ごて仕上げ、はけ引き仕上げの他<u>くし目引き仕上げ</u>があり、その上に施工する仕上げ材の種類に応じて使い分ける。<u>金ごて仕上げ</u>は、塗装仕上げや
①　　　　　　　　　　　　　　　　　　　　　　　　　　　　　　　　　　②
壁紙張り仕上げなどの下地面に用い、<u>はけ引き仕上げ</u>は、セメントモルタルによるタイル後張り工法の下地面に用いる。
③

224

6．防火区画に用いる防煙シャッターは、表面がフラットでガイドレール内での遮煙性を確保できる<u>インターロッキング形</u>のスラットが用いられる。また、<u>まぐさ</u>に設ける遮煙機構は、シャッターが閉鎖したときに漏煙を抑制する構造とし、その材料は不燃材料、準不燃材料又は難燃材料とする。
①　　　　　　　　　　　　　　　　　　②

　　なお、座板にアルミニウムを使用する場合には、<u>鋼板</u>で覆う。
③

7．パテ処理には、パテしごき、パテかい、パテ付けの3種類がある。<u>パテしごき</u>は、面の状況に応じて、
①
　面のくぼみ、すき間、目違い等の部分を平滑にするためにパテを塗るものである。

　　また、パテ付けは、<u>パテかい</u>の後、表面が平滑になり、肌が一定になるようパテを<u>全面</u>に塗り付けるも
②　　　　　　　　　　　　　　　　　　　　　　③
のである。

8．タイルカーペットをフリーアクセスフロア下地に張り付ける場合、床パネルの段違いやすき間を<u>1mm</u>以
①
　下に調整した後、タイルカーペットを張り付ける。

　　タイルカーペットは、割付けを部屋の<u>端部</u>から行い、粘着はく離形の接着剤を<u>床パネルの全面</u>に塗布し、
②　　　　　　　　　　　　　　　　　　　③
　適切なオープンタイムをとり、圧着しながら張り付ける。

問題4 【解答欄】

	不適当な箇所番号	適当な語句		不適当な箇所番号	適当な語句
1.			5.		
2.			6.		
3.			7.		
4.			8.		

問題5　市街地での事務所ビルの建設工事における右に示す工程表に関し、次の1．から3．の問いに答えなさい。なお、**解答の旬日は、上旬、中旬、下旬で記述しなさい。**

〔工事概要〕

用　　　途：事務所

構造・規模：地下1階、地上6階、延べ面積3,000㎡

　　　　　　地下は鉄筋コンクリート造、地上は鉄骨造

基　　　礎：直接基礎（べた基礎）

山　留　め：親杭横矢板水平切梁工法とし、親杭は引き抜かない。

　　　　　　山留め壁は、地下外周壁の外型枠を兼用する。

鉄 骨 工 事：建方は、建物外周の2方向から行う。

外部仕上げ：屋根は、アスファルト防水のうえ、保護コンクリート直均し仕上げ

　　　　　　外壁2面は、方立方式のメタルカーテンウォール

　　　　　　他の2面は、ALCパネル張りのうえ、複層仕上げ塗材仕上げ

1．表中の土工事の**A**及び鉄骨工事の**B**に該当する作業名をあげなさい。

2．作業の終了日が工程上**最も不適当な作業名**を表の中より選び、適当な工程となるように、その**終了日**を月次と旬日で定めなさい。

3．鉄骨工事における**梁上の頭付きスタッドの溶接**の作業工程は、未記入となっている。適当な工程となるように、溶接作業の**開始日**及び**終了日**の期日を月次と旬日で定めなさい。

問題5　【解答欄】

1．　Aに該当する作業名 _____　Bに該当する作業名 _____

2．　最も不適当な作業名 _____　終　了　日 _____月_____旬

3．　開　始　日 _____月_____旬　　終　了　日 _____月_____旬

工種＼月次	1	2	3	4	5	6	7	8	9	10	11	12
	着工 ▽			地下躯体完了 ▽			躯体完了 ▽			受電 ▽	竣工 ▽	
仮設工事	準備					ロングスパンエレベーター / ALC面外部足場		ゴンドラ足場			清掃	
土工事	A 切梁架け / 1次根切	2次根切	切梁解体									
地業工事		砂利地業										
鉄筋・型枠 コンクリート 工事	捨コンクリート	地中梁・B1F床 / 基礎耐圧盤	B1F立上り・1F床			3F床 5F床 RF床 / 2F床 4F床 6F床 PH・パラペット / 1F柱脚		保護コンクリート				
鉄骨工事			アンカーボルト設置 / 鉄骨建方(歪み直し共) / 本締め		デッキプレート敷き / B							
防水工事							伸縮目地入れ / 屋根アスファルト防水 / 外部シーリング					
ALCパネル 工事						ALCパネル取付け / 複層仕上げ塗材仕上げ						
外部金属建具 工事						外部サッシ取付け(ガラス取付け共)						
カーテン ウォール工事						カーテンウォール取付け(ガラス取付け共)						
金属工事						壁・天井軽量鉄骨下地組み / アルミ笠木取付け						
内部金属建具 工事							内部建具枠取付け / 扉取付け					
内装工事							天井ボード張り / 壁ボード張り		床仕上げ張り			
塗装工事								塗装仕上げ				
外構工事									舗装・植栽			
エレベーター 工事							据付工事	仮設使用				
設備工事		電気・給排水衛生・空調・他										
検査						中間検査	消防中間検査	ELV仮使用検査			完了検査	

問題6 次の1．から3．の問いに答えなさい。

1．「建設業法」に基づく建設工事の請負契約に関する次の文章において、 [　　　] にあてはまる語句を記述しなさい。

　　建設業者は、建設工事の請負契約を締結するに際して、工事内容に応じ、工事の種別ごとに材料費、労務費その他の [①] の内訳を明らかにして、建設工事の見積りを行うよう努めなければならない。
　　建設業者は、建設工事の [②] から請求があったときは、請負契約が成立するまでの間に、建設工事の見積書を提示しなければならない。

2．「建築基準法施行令」に基づく工事現場の危害の防止に関する次の文章において、 [　　　] にあてはまる語句又は数値を記述しなさい。

　　木造の建築物で高さが13m若しくは [③] が9mを超えるもの又は木造以外の建築物で2以上の階数を有するものについて、建築、修繕、模様替又は除却のための工事を行う場合においては、工事期間中工事現場の周囲にその地盤面（その地盤面が工事現場の周辺の地盤面より低い場合においては、工事現場の周辺の地盤面）からの高さが [④] m以上の板塀その他これに類する仮囲いを設けなければならない。
　　ただし、これらと同等以上の効力を有する他の囲いがある場合又は工事現場の周辺若しくは工事の状況により危害防止上支障がない場合においては、この限りでない。

3．「労働安全衛生法」に基づく元方事業者の講ずべき措置等に関する次の文章において、 [　　　] にあてはまる語句を記述しなさい。

　　建設業に属する事業の元方事業者は、土砂等が崩壊するおそれのある場所、機械等が転倒するおそれのある場所その他の厚生労働省令で定める場所において [⑤] の労働者が当該事業の仕事の作業を行うときは、当該 [⑤] が講ずべき当該場所に係る危険を防止するための措置が適正に講ぜられるように、技術上の [⑥] その他の必要な措置を講じなければならない。

問題6 【解答欄】

1． ① .... ② ....
2． ③ .... ④ ....
3． ⑤ .... ⑥ ....

平成 27 年度

1級 建築施工管理技術 検定試験

実地試験

解答例・解説

【解答例－1】

イ．工 事 名　□□□□マンション新築工事

ロ．工 事 場 所　東京都世田谷区△△○丁目○番○号

ハ．工 事 の 内 容　共同住宅、鉄筋コンクリート造、地上4階、延べ面積：3,800㎡

　　　　　　　　　外壁：二丁掛タイル張り、住宅部内装床：フローリング張り、

　　　　　　　　　壁及び天井：PB下地ビニルクロス張り

ニ．工 期　2013 年 2 月 ～ 2014 年 3 月

ホ．あなたの立場　工事主任

1.

	建設副産物対策	発生抑制	①工種名	型枠工事
(1)	②計画・実施した内容	耐圧盤の厚さ400㎜の周囲の木製型枠を900㎜×450㎜の鋼製型枠パネルに変更し、割付けの半端部分を除き木製型枠材の廃棄物の抑制が図れた。		
	③結果と波及効果	鋼製型枠分の木製型枠が減少したことで、打設面の仕上り精度と型枠脱型がスムーズに行え、また、現場の型枠加工作業も少なくなり、工程短縮ができた。		
	建設副産物対策	発生抑制	①工種名	木工事
(2)	②計画・実施した内容	木工場で間仕切り壁の造作材を現場寸法にプレカットし、現場搬入では造作材の残材が抑制でき、各住戸の工事進捗に合せて施工した。		
	③結果と波及効果	施工現場の切断残材（おがくず）の約90%強の廃棄物が抑制され、余分な材料が無くなったことで、現場内の環境改善にもつながった。		
	建設副産物対策	再生利用	①工種名	コンクリート工事
(3)	②計画・実施した内容	事前に外構の塀等の根切りをし砕石を敷き、コンクリート打設時に余ったコンクリート廃材を捨てコンクリートとして再生利用した。		
	③結果と波及効果	コンクリート打設時の残コンクリート処分が無くなったことで、処分費が無くなり、外構の次工程の鉄筋工事の作業がスムーズになった。		

2.

	産業廃棄物	プラスターボード
(1)	適正処分にあたっての留意事項	メーカーリサイクルは、他材料との混合と濡れたものは引き取りができないので、屋根のある専用の分別場所となるよう留意した。
	産業廃棄物	金属類
(2)	適正処分にあたっての留意事項	鉄、アルミ、銅でリサイクルの処分方法が違うため、色の付いた袋に種類別に集積させ、回収業者へも指示徹底するよう留意した。

問題1 【解答例－2】

イ. 工 事 名 　□□□□ビル新築工事

ロ. 工 事 場 所 　東京都新宿区△△○丁目○番○号

ハ. 工 事 の 内 容 　事務所、鉄骨造、地上7階、延べ面積：5,700㎡、外壁：アルミカーテンウォール、

　　　　　　　　　押出成形セメント板アクリルシリコン樹脂エナメル塗、事務所床：OAフロア、

　　　　　　　　　タイルカーペット、壁及び天井PBビニルクロス張り

ニ. 工 期 　2014 年 5 月 ～ 2015 年 12 月

ホ. あなたの立場 　工事主任

1.

(1)	建設副産物対策	発生抑制	①工種名	杭工事
	②計画・実施した内容	設計監理者の了解を得て、杭頭処理で発生したコンクリート廃材を破砕処理し、クラッシャランと混ぜて基礎地業材として発生を抑制した。		
	③結果と波及効果	杭頭処理のコンクリート廃材としての廃棄物が無く、新たに購入する砕石材も減り、コストダウンが図れ、また、車両の搬出入も減少した。		
(2)	建設副産物対策	発生抑制	①工種名	金属工事
	②計画・実施した内容	壁下地のスラブ間のスタッド寸法を事前に実測し、メーカーにプレカットを発注し、現場搬入施工することで、廃材発生の抑制が図れた。		
	③結果と波及効果	プレカット搬入により、現場内のカット端材の減少で廃棄物が抑制でき、廃材による汚れも減少し、環境も良くなり、作業効率も上がった。		
(3)	建設副産物対策	再生利用	①工種名	土工事
	②計画・実施した内容	表層の異物の入った根切り土は搬出処分し、良質土のみ選別の上、敷地内に仮置きして、基礎完了後の埋戻し土として再生利用した。		
	③結果と波及効果	根切りでの搬出土量は減り、埋戻し土は全て根切り土に再生利用され、車両の搬出入が削減されたことにより、近隣への交通障害も減少した。		

2.

(1)	産業廃棄物	発泡スチロール
	適正処分にあたっての留意事項	リサイクル処理を行うため、段ボールや他のプラスチック類と分別集積し、内容の分かり易い透明な袋に入れて保管するよう留意する。
(2)	産業廃棄物	せっこうボード
	適正処分にあたっての留意事項	メーカーリサイクルをスムーズにする為、クロス等の異物が付着しないように分別し、水に濡れないように屋内か屋根付きの集積場所にするよう留意する。

イ. 工 事 名　　□□□寮改修工事

ロ. 工 事 場 所　　千葉県市川市△△○丁目○番○号

ハ. 工 事 の 内 容　　独身寮、ＲＣ造、地上4階、延べ面積1,680㎡

　　　　　　　　　　外壁塗装仕上げ、室内床ビニル床シート（木目）張り、

　　　　　　　　　　壁及び天井ＰＢビニルクロス張り

ニ. 工 　 期　　平成 26 年 　1 月 ～ 平成 26 年 　3 月

ホ. あなたの立場　　工事主任

1.

	建設副産物対策	発生抑制	①工種名	内装工事
(1)	②計画・実施した内容	床フローリング張替を設計監理と協議し、既存フローリング撤去材の不陸調整を行い、その上にビニルシート（木目）張りに変更して施工し、既存フローリング廃材の発生を抑制した。		
	③結果と波及効果	既存フローリングは、ビニルシート材の下地材として利用したため、廃棄物としての撤去作業もなくなり、工期短縮にもつながった。		
	建設副産物対策	発生抑制	①工種名	塗装工事
(2)	②計画・実施した内容	塗装工事の協力会社と協議して、リサイクル容器をメーカーが回収し、再生可能な塗料容器を使用して、使用済み塗料缶の発生抑制を行った。		
	③結果と波及効果	リサイクル容器はメーカーに回収され、塗料缶の廃棄物が無くなり、空き缶に残る可燃物等も無く、火災等の危険が排除された。		
	建設副産物対策	再生利用	①工種名	外構工事
(3)	②計画・実施した内容	駐車場のアスファルト舗装の解体時に土砂と混合しないように剥がし、粉砕して舗装の下地材料に再生利用した。		
	③結果と波及効果	舗装には異物が混入せず、良質な舗装下地材となり、廃棄物が無く、下地材の減少とコストの削減が図れ、また、車両の搬出入も減り、交通障害も減少した。		

2.

	産業廃棄物	段ボール
(1)	適正処分にあたっての留意事項	リサイクル回収をスムーズにするため、ビニール等の混合を避け、折り畳んだ段ボールが濡れないように屋根付きの集積場所に留意する。
	産業廃棄物	混合廃棄物
(2)	適正処分にあたっての留意事項	リサイクルの促進を図るため、混合廃棄物が出ないように、10品目に分別して、新規入場者教育や朝礼で分別を徹底させることに留意する。

1. 循環型社会形成推進基本法は、環境基本法の理念に則り、循環型社会をつくるための基本原則を定めた法律である。この法律において「**循環型社会**」とは、環境への負荷ができる限り少ない以下のような社会をいう。廃棄物の**発生を抑え**（リデュース）、使用済製品が**再使用**（リユース）・**再生利用**（リサイクル）・**熱回収**等により循環資源として適正に循環的に利用され、循環的な利用が行われないものについては適正に処分され、天然資源の消費が抑制される社会である。

この法律において「**循環的な利用**」とは、「**再使用**」、「**再生利用**」および「**熱回収**」をいい、下表のように定義されている。

「再使用」	・循環資源を製品としてそのまま使用すること。 （修理を行ってこれを使用することを含む） ・循環資源の全部又は一部を部品その他製品の一部として使用すること。
「再生利用」	循環資源の全部又は一部を原材料として利用すること。
「熱回収」	循環資源の全部又は一部であって、燃焼の用に供することができるもの又はその可能性のあるものを熱を得ることに利用すること。

「**建設副産物**」とは、資源の有効な利用の促進に関する法律において、建設工事に伴い排出される物品（資材を含む）をいい、建設汚泥、コンクリート塊、アスファルト・コンクリート塊、木くず（建設発生木材）、紙くず、金属くず、廃プラスチック類、ガラスくず及び陶磁器くず又はこれらを混合した建設混合廃棄物などのほか、建設発生土（残土）などの資源として再生利用される再生資源を含めた総称である。

ここでは工事現場で発生する**建設副産物対策**を、「**発生抑制**」について２つ、「**再生利用**」について１つ、計３つの建設副産物対策の観点で実施した具体的な取組みについて記述する。

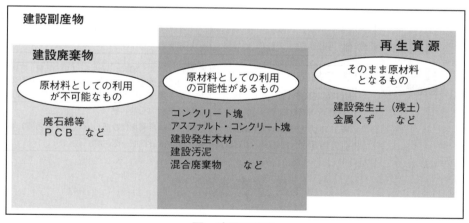

図　建設副産物

2. 産業廃棄物の適正処分の留意事項について、あなたの今日までの工事経験に照らした解答を求める設問。設問１で取り上げた建設現場以外のことでも解答可能で、あなたの考え方を記述することが求められる。

建設現場での「産業廃棄物の適正処分」とは、以下の①、②のことで運搬業者、処分場、マニフェストの確認等の遵法行為は当然であるため特別なことがない限り記載しない方が良い。

①建設副産物の運搬・処分等に当たり、不法投棄、安定型処分場への管理型品目（紙くず・木くず・繊維くず等）の混入、土砂等の流出を生じさせない措置。

②建設工事の計画、設計及び施工に当たり、建設副産物の発生の抑制及び再資源化の促進に努める。

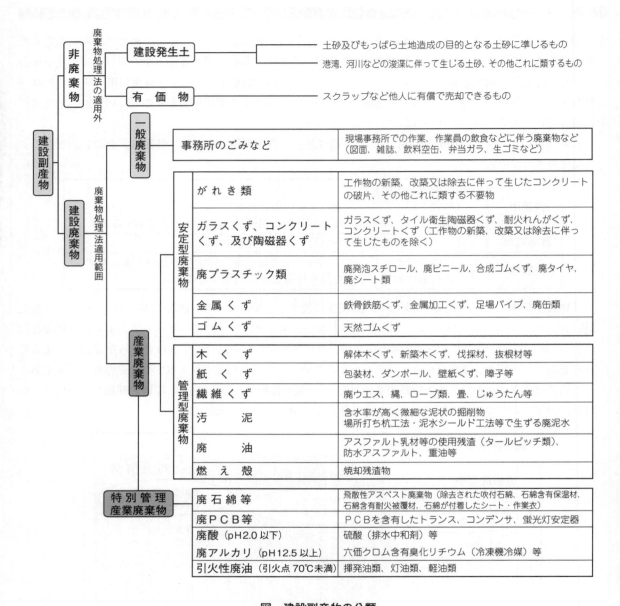

			土砂及びもっぱら土地造成の目的となる土砂に準じるもの
		建設発生土	港湾、河川などの浚渫に伴って生じる土砂、その他これに類するもの
		有 価 物	スクラップなど他人に有償で売却できるもの
	一般廃棄物	事務所のごみなど	現場事務所での作業、作業員の飲食などに伴う廃棄物など (図面、雑誌、飲料空缶、弁当ガラ、生ゴミなど)

	安定型廃棄物	がれき類	工作物の新築、改築又は除去に伴って生じたコンクリートの破片、その他これに類する不要物
		ガラスくず、コンクリートくず、及び陶磁器くず	ガラスくず、タイル衛生陶磁器くず、耐火れんがくず、コンクリートくず(工作物の新築、改築又は除去に伴って生じたものを除く)
		廃プラスチック類	廃発泡スチロール、廃ビニール、合成ゴムくず、廃タイヤ、廃シート類
		金属くず	鉄骨鉄筋くず、金属加工くず、足場パイプ、廃缶類
		ゴムくず	天然ゴムくず

産業廃棄物	管理型廃棄物	木 く ず	解体木くず、新築木くず、伐採材、抜根材等
		紙 く ず	包装材、ダンボール、壁紙くず、障子等
		繊維くず	廃ウエス、縄、ロープ類、畳、じゅうたん等
		汚 泥	含水率が高く微細な泥状の掘削物 場所打ち杭工法・泥水シールド工法等で生ずる廃泥水
		廃 油	アスファルト乳材等の使用残渣(タールピッチ類)、防水アスファルト、重油等
		燃 え 殻	焼却残渣物

特別管理産業廃棄物	廃石綿等	飛散性アスベスト廃棄物(除去された吹付石綿、石綿含有保温材、石綿含有耐火被覆材、石綿が付着したシート・作業衣)
	廃PCB等	PCBを含有したトランス、コンデンサ、蛍光灯安定器
	廃酸(pH2.0以下)	硫酸(排水中和剤)等
	廃アルカリ(pH12.5以上)	六価クロム含有臭化リチウム(冷凍機冷媒)等
	引火性廃油(引火点70℃未満)	揮発油類、灯油類、軽油類

図　建設副産物の分類

234

問題２	【解答例】		
1. 外部 枠組足場	(1)	壁つなぎの間隔は、垂直方向９m以下、水平方向８m以下にあるか留意する。	
	(2)	積載荷重W≦400kg/スパン、簡易枠組み足場W≦250kg/スパンとなるよう留意する。	
2. 仮設電力 設備	(1)	分電盤の施錠と行先表示及びケーブルの脱落防止措置、取扱責任者表示に留意する。	
	(2)	配線は通路、道路面の横断禁止、横断する場合は鋼管を敷設する等の保護に留意する。	
3. 荷受け 構台	(1)	本体鉄骨を利用して設置する場合、強度確認を実施し積載荷重の表示等に留意する。	
	(2)	枠組み・単管での荷受け構台の脚部の沈下防止措置・滑動防止措置に留意する。	

■ 解 説

1. 外部枠組足場

　足場は高所作業のための作業床として設置するもので、超高層ビルなど外部足場を設けない無足場工法が採用される場合もあるが、多くの建物では外部足場が必要になる。足場計画の良否は作業能率や安全ばかりでなく、品質、コスト、工期にも大きく影響するので、工事の内容や施工条件を十分考慮して設置を計画しなければならない。

〈その他の解答例〉

● 水平材の補強は最上層および５層以内ごととし、85cm以上の手摺、中ざん、幅木の設置を検討する。
● 脚部の滑動・沈下防止措置（根がらみ、合板敷板の設置）に留意する。
● 建物と足場作業床の間隔は出来る限り近接させ、各段ごとにネットを張る等の検討を行う。

2. 仮設電力設備

　仮設電気設備は、工事を施工するための電気機械工具、作業用照明などに電力を供給する設備で、工事着手から竣工までのほぼ全工程にわたって使用される仮設設備である。

　電力需要は工事の進捗とともに増加する。施工計画に基づく工事用機器の使用計画と工事の進捗状況に応じた電力需要の変化を、工事用電気使用工程表を作成することで的確に把握し、必要な時期に、必要な電力を供給できるようにしなければならない。また、工事中の仮設電気の供給に便利で、本設電力への切替え工事が支障なく容易に行える位置を選ぶとともに、運用管理に際して十分な保守と安全に留意する。

〈その他の解答例〉

● 本設の電力・電話の引込み位置を考慮して、受変電設備の位置を選定する。
　⇨ 仮設から本設への切替え工事が支障なく容易に行えるようにするため。
● 分電盤の配置、配線ルートを工事に支障の無いように検討する。
　⇨ 盛替えを少なくするため。
● 山留め工事や鉄骨工事などの短期的に使用する大電力については、エンジン付き発電機で対応する。
　⇨ 契約電力が過大に設定されることを回避するため。

3．荷受け構台

　荷受け構台は、揚重機からの資機材の取込み・残材の搬出に使用される。材料置場を兼用するものもある。

　揚重機の能力、揚重材料の形状・寸法・数量に応じた形状・規模のものとし、荷重に対して十分に安全な構造のものとする。また、高所に設置するため作業の安全、材料の飛来落下には十分な配慮が必要になる。

〈その他の解答例〉
- ●揚重資機材の重量、荷受け構台に作用する風圧力等に十分耐えられる構造とする。
- ●揚重資機材の取込みやその後の水平運搬に適した位置に設ける。
- ●移設を行う場合は、組立・解体が容易な構造・仕様とする。

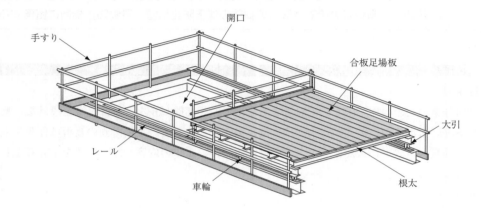

移動式ステージの例

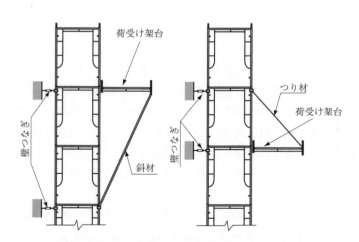

外部足場に荷受け構台を設置する例

問題3　【解答例】

1.	(1)	安定液面は杭壁の崩壊を防ぐため地下水位より高い位置に設定し管理する。
	(2)	スライムは、コンクリート打設直前に水中ポンプ方式かエアーリフト方式で除去する。
2.	(1)	スパン3mを超える場合は、リブ部の座屈を生じない範囲で中間サポートを設ける。
	(2)	フラットデッキプレートは変形し易いため、運搬時や吊り上げる際の取扱いに留意する。
3.	(1)	所定のワーカビリティーが得られる範囲でスランプを小さくし、単位水量を低減する。
	(2)	単位水量の最大値は、185kg/m³以下とする。
4.	(1)	溶接母材の水分・油分等の付着がないか確認する。
	(2)	頭付きスタッドと母材面は強度等の関係で垂直になるように留意する。

解　説

1. 場所打ちコンクリート杭地業（アースドリル工法）において、スライム処理及び安定液についての施工上の留意事項

　アースドリル工法は、アースドリル機のケリーバーの先端に取り付けた**ドリリングバケット**を回転させることにより地盤を掘削し、バケット内に収納した土砂を、バケットとともに地上に引き上げ排出する。掘削孔壁の保護は、地盤表層部はケーシングにより、ケーシング下端部以深は、**ベントナイト**、CMC、分散剤などを主体とする**安定液**により孔壁にできるマッドケーキ（不透水膜）と水頭圧により保護する。掘削完了後、ドリリングバケットを底ざらいバケットに交換して一次孔底処理を行い、鉄筋かごとトレミー管を建て込み、スライムが堆積している場合は二次孔底処理を行った後、コンクリートを打ち込み、杭を築造する。

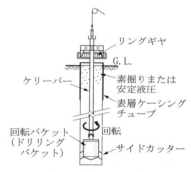

アースドリル工法

リングギヤ

G. L.

ケリーバー

素掘りまたは
安定液圧

表層ケーシング
チューブ

回転バケット
（ドリリング
バケット）

回転

サイドカッター

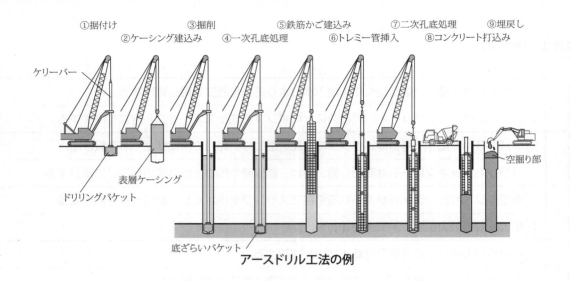

ケリーバー

表層ケーシング

ドリリングバケット

底ざらいバケット

空掘り部

アースドリル工法の例

　アースドリル工法の**安定液及びスライム処理**についての施工上のポイントを以下に示す。

●安定液の配合は、必要な造壁性があるうえで、コンクリートとの置換を考慮して、できるだけ**低粘性、低比重**のものとする。

●安定液を繰り返し使用すると粘性が小さくなる例が多くなるので、一般的には作液粘性は必要粘性より大きくする。

●掘削完了後、ドリリングバケットを底ざらいバケットに交換して一次孔底処理（1次スライム処理）を行う。

●鉄筋かごとトレミー管を建て込み、スライムが堆積している場合は二次孔底処理（2次スライム処理）を行う。2次スライム処理は、エアリフトまたは水中ポンプによる方法で行う。

2．鉄筋コンクリート造の型枠工事において、床型枠用鋼製デッキプレート（フラットデッキプレート）の施工上の留意事項

　Ｓ造・ＳＲＣ造・ＲＣ造で鋼製のデッキプレートを床型枠として用いる工法で、解体作業が不要なため現場作業が簡単で、建物の**軽量化・工期の短縮**および作業の**安全性の確保**を目的として使われる。型枠を支持するために支柱を用いる必要がなく、下部空間を通路や作業スペースとして活用できる。

　フラットデッキプレートの施工上のポイントを以下に示す。

●デッキプレートは、冷間成形薄鋼板であるため、運搬時やつり上げの荷重や衝撃により、変形しやすいので取扱いに注意する。

●施工荷重によるたわみを考慮し、梁との隙間からノロ漏れが生じないよう留意する。

●スラブ端部や開口部のコンクリート止め、小口塞ぎ等を取り付ける。

3．普通コンクリートを用いる工事において、ひび割れを防止するためのコンクリートの調合上の留意事項

　強度・耐久性、施工性（ワーカビリティー）に優れた密実なコンクリートを作ることが、必然的にひび割れ対策となる。密実なコンクリートは、良い材料と良い調合、良い施工管理（打設・養生）によって得られるので、それらの条件をまとめる。

1）材料と調合による条件

単位水量を所定のワーカビリティーの得られる範囲で減らす。

- 水セメント比　　　　→ できるだけ**小**
- 単位水量　　　　　　→ できるだけ**小**
- 単位セメント量　　　→ できるだけ**小**
- スランプ　　　　　　→ できるだけ**小**
- 細骨材率　　　　　　→ できるだけ**小**
- 粗骨材の最大寸法　　→ できるだけ**大**
- 実積率　　　　　　　→ できるだけ**大**
- 粗粒率　　　　　　　→ できるだけ**大**
- ＡＥ剤、ＡＥ減水剤　→ 使用する

2）施工による条件

- コンクリートの打込み、特に締固めは入念に行う。
- コンクリートの水和反応による温度上昇をできるだけ少なくする。
- 打込み中から打終り後の所定の材齢まで、コンクリート面から急激に水分が発散しないように養生する。

4．鉄骨工事において、梁上に頭付きスタッドをアークスタッド溶接する場合の施工上の留意事項

スタッド溶接には、**アークスタッド溶接法、サブマージアークスタッド溶接法、パーカッションスタッド溶接法**などがある。この中で、シャーコネクタやコンクリートアンカーの溶接に適しているのは、**アークスタッド溶接**である。

アークスタッド溶接の施工上のポイントを以下に示す。

- スタッド溶接に使用する頭付きスタッドは、キルド鋼塊より圧延された丸鋼を成形したものを使用する。
- 溶接母材の水分・油分等の付着がないか確認する。
- 頭付きスタッドと母材面は強度等の関係で垂直になるように留意する。
- アークスタッド溶接作業は、直接溶接とし、下向き姿勢で行う。

問題4 【解答例】

	不適当な箇所番号	適当な語句		不適当な箇所番号	適当な語句
1.	②	同時	5.	③	木ごて
2.	②	コンクリート	6.	①	オーバーラッピング
3.	①	近い	7.	①	パテかい
4.	②	150	8.	②	中央

解 説

1. ゴムアスファルト系塗膜防水に用いる凝固剤は、ゴムアスファルト系防水材と**同時**に吹付け、ゴムアスファルトエマルションのゴムアスファルト分を凝固・硬化させて水分を分離し、促進的に防水層を形成させるもので、通常は無機塩類水溶液（約３～５％濃度の塩化カルシウム水溶液など）が用いられる。

2. 外壁タイル後張り工法における引張接着強度検査は、施工後２週間以上経過した時点で引張接着試験機を用いて引張接着強度を測定する。引張接着強度と破壊状況に基づき合否を判定する。
　　下地がモルタル塗りの場合の試験体は、タイルの目地部分を**コンクリート**面まで切断して周囲と絶縁したものとし、試験体の数は、100㎡以下ごとに１個以上、かつ全面積で３個以上とする。

3. 鋼板製折板葺き屋根におけるけらば包みの継手位置は、端部用タイトフレームの位置よりできるだけ**近い**方がよい。けらば包み相互の継手の重ね幅は60mm以上とし、当該重ね内部に不定形又は定形シーリング材をはさみ込む。

4. 屋内の軽量鉄骨天井下地の吊ボルトは、間隔を900mm程度とし、周辺部は端から**150mm**以内に鉛直に取り付ける。

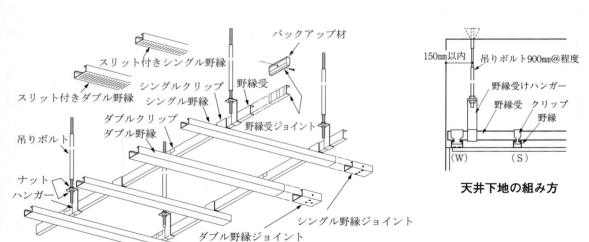

天井下地材および天井下地材付属金物の名称

天井下地の組み方

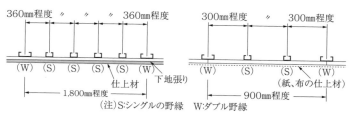

360mm程度 〃 〃 360mm程度　　　　300mm程度 〃 300mm程度

(W) (S) (S) (S) (S) (W)　　　　(W) (S) (S) (W)

仕上材　下地張り　　　　(紙、布の仕上材)

1,800mm程度　　　　900mm程度

(注)S:シングルの野縁　W:ダブル野縁

下地張りのある場合　　　　下地張りのない場合

屋内の野縁の間隔

5．セメントモルタル塗りの表面仕上げには、金ごて仕上げ、木ごて仕上げ、はけ引き仕上げの3種類があり、その上に施工する仕上材の種類に応じて使い分ける。また、塗材仕上げなど仕上げの厚いものでは、くし目引き仕上げとすることもある。セメントモルタルによるタイル後張り工法の下地面に用いる表面仕上げは、**木ごて**仕上げとする。

6．シャッターのスラットの形状には、インターロッキング形、オーバーラッピング形があり、**防煙シャッター**には**オーバーラッピング形**を使用する。**オーバーラッピング形**は遮煙を目的としているので、表面がフラットでガイドレール内での遮煙性も確保できる形状になっている。

　防煙シャッターのまぐさには、シャッターが閉鎖したときに漏煙を抑制する遮煙材を取り付け、その材料は不燃材料、準不燃材料、または難燃材料とする。また、防煙シャッターで座板にアルミニウムを使用する場合には鋼鈑で覆わなければならない。

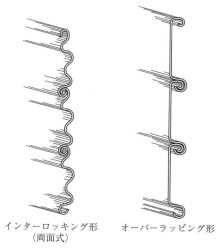

インターロッキング形　　　オーバーラッピング形
（両面式）

スラットの形状

7．パテ処理には、パテかい、パテ付け、パテしごきの3種類がある。
　●パテかいは、面のくぼみ、すき間、目違い、欠け等を部分的に平滑にするパテ処理である。
　●パテ付けは、パテかいの後、表面が平滑になり、肌が一定になるようにパテを全面に塗り付けるパテ処理である。
　●パテしごきは、パテ付けした後、表面に過剰なパテを残さないように十分にしごき取るパテ処理である。したがって、①は、パテしごきではなく、**パテかい**である。

8．タイルカーペットをフリーアクセスフロア（二重床）に施工する場合、床パネルの段違いやすき間を1mm以下に調整した後、タイルカーペットを施工する。タイルカーペットの割付けは、床パネルの目地とタイルカーペットの目地を100mm程度ずらして行い、部屋の**中央部**から行う。

　接着剤を下地面に平均に塗布し、接着剤が乾燥し十分粘着性が出たのち、隙間なく張り付ける。接着剤は、カーペット製造所の指定する粘着はく離形（ピールアップ形）を使用する。

【解答例】

1. 　Aに該当する作業名　　<u>山留め親杭</u>　　　　Bに該当する作業名　　<u>耐火被覆</u>
2. 　最も不適当な作業名　<u>内部建具枠取付け</u>　終　了　日　　　<u>9</u>　月　　　<u>中</u>　旬
3. 　開　始　日　　<u>6</u>　月　　<u>上</u>　旬　　　　終　了　日　　　<u>7</u>　月　　　<u>上</u>　旬

解　説

1.　**A**に該当する作業名は、1次根切りの前工事であるから、「**山留め親杭**」打ちである。

　　Bに該当する作業名は、鉄骨工事（耐火被覆工事含む）区分であり、本締めが完了し、デッキプレート敷きが完了後の工事で、工事概要の規模では耐火構造としなくてはならないので、「**耐火被覆**」工事が必要である。

2.　内部金属建具工事の「**内部建具枠取付け**」の終了が同「扉取付け」終了より遅くなっているので、不適当である。適当な工程にするには、「扉取付け」終了日より前で終了する。「壁・天井軽量鉄骨下地組み」より後（通常、壁軽量鉄骨下地組みが天井軽量鉄骨下組みより先行するためラップ可能）となる。したがって、終了日は**9月中旬**となる。

3.　頭付きスタッドの溶接の作業工程は、「デッキプレート敷き」各階作業開始と併せて開始し、「RF床、PHコンクリート打設」の前に終了する。2F床コンクリートは、6月中旬に打設し、RF床、PHコンクリートは、7月中旬に打設しているので、スタッド溶接はそれ以前に検査を含めて完了していなければならない。したがって、開始日は**6月上旬**、終了日は**7月上旬**となる。

| 問題6 | 【解答例】 |

1. ① ＿＿＿経費＿＿＿＿＿＿＿　② ＿＿＿注文者＿＿＿＿＿＿
2. ③ ＿＿軒の高さ＿＿＿＿＿＿　④ ＿＿＿1.8＿＿＿＿＿＿＿
3. ⑤ ＿＿関係請負人＿＿＿＿＿　⑥ ＿＿＿指導＿＿＿＿＿＿

◢ 解　説

1. 建設業法第20条第1項・2項

建設業者は、建設工事の請負契約を締結するに際して、工事内容に応じ、工事の種別ごとに材料費、労務費その他の**経費**の内訳を明らかにして、建設工事の見積りを行うよう努めなければならない。

建設業者は、建設工事の**注文者**から請求があったときは、請負契約が成立するまでの間に、建設工事の見積書を交付しなければならない。

2. 建築基準法施行令第136条の2の20

木造の建築物で高さが13m若しくは**軒の高さ**が9mを超えるもの又は木造以外の建築物で2以上の階数を有するものについて、建築、修繕、模様替又は除却のための工事を行う場合においては、工事期間中工事現場の周囲にその地盤面（その地盤面が工事現場の周辺の地盤面より低い場合においては、工事現場の周辺の地盤面）からの高さが**1.8**m以上の板塀その他これに類する仮囲いを設けなければならない。

ただし、これらと同等以上の効力を有する他の囲いがある場合又は工事現場の周辺若しくは工事の状況により危害防止上支障がない場合においては、この限りでない。

3. 労働安全衛生法第29条の2

建設業に属する事業の元方事業者は、土砂等が崩壊するおそれのある場所、機械等が転倒するおそれのある場所その他の厚生労働省令で定める場所において**関係請負人**の労働者が当該事業の仕事の作業を行うときは、当該**関係請負人**が講ずべき当該場所に係る危険を防止するための措置が適正に講ぜられるように、技術上の**指導**その他の必要な措置を講じなければならない。

平成 26 年度

1級 建築施工管理技術検定試験

実地試験

問　題

問題1 建築物は、現場施工による一品生産である。生産現場である作業所では、着工前に発注者のニーズ及び設計図書から建築物の要求品質を事前に抽出し、「重点品質管理目標」を設定して施工にあたる。

あなたが経験した**建築工事**のうち、建築物の要求品質をつくり込むため、重点的に**品質管理**を行った工事を1つ選び、下記の工事概要を具体的に記入した上で、次の1.から2.の問いに答えなさい。

なお、**建築工事**とは、建築基準法に定める建築物に係る工事とし、建築設備工事を除くものとする。

〔工事概要〕

イ．工 事 名

ロ．工 事 場 所

ハ．工 事 の 内 容　新築等の場合：建物用途、構造、階数、延べ面積又は施工数量、
　　　　　　　　　　　　　　　　　　主な外部仕上げ、主要室の内部仕上げ

　　　　　　　　　　改修等の場合：建物用途、主な改修内容、施工数量又は建物規模

ニ．工 期　（年号又は西暦で年月まで記入）

ホ．あなたの立場

1．工事概要であげた建築工事において、設計図書などから読み取った要求品質を実現するために行った**品質管理活動**を**2つ**あげ、次の①から③について具体的に記述しなさい。

ただし、2つの品質管理活動の内容は、異なる記述とする。

① 設計図書などから読み取った**要求品質**と、それを実現するために定めた**重点品質管理目標**を、それぞれ具体的に記述しなさい。

② ①の重点品質管理目標を達成するために設定した、施工プロセスにおける**品質管理項目**とそれを**定めた理由**を、具体的に記述しなさい。

③ ②の品質管理項目について、どのように管理したか、**実施した内容**を、具体的に記述しなさい。

2．工事概要であげた工事にかかわらず、あなたの今日までの工事経験を踏まえて、次の①、②について具体的に記述しなさい。

① 作業所における組織的な品質管理活動は、どのように行ったら良いと思いますか、あなたの考えを記述しなさい。

② 組織的な品質管理活動を行うことにより、どのような効果が得られると思いますか、あなたの考えを記述しなさい。

問題1 【解答欄】

イ．工　事　名 ....

ロ．工　事　場　所 ....

ハ．工　事　の　内　容 ....

....

....

ニ．工　　　期 .... 年 ...... 月 ～ ...... 年 ...... 月

ホ．あなたの立場 ....

1.

(1)	①	要求品質	
		重点品質管理目標	
	②	品質管理項目	
		定めた理由	
	③	実施した内容	
(2)	①	要求品質	
		重点品質管理目標	
	②	品質管理項目	
		定めた理由	
	③	実施した内容	

2.

① 作業所における組織的な品質管理活動は、どのように行ったら良いか	
② 組織的な品質管理活動を行うことにより、どのような効果が得られるか	

問題2 建築工事現場において、次の3つの災害について、施工計画にあたり事前に検討した災害の発生するおそれのある**作業の内容**とそれを防止するための**対策**を、それぞれ**2つ**ずつ具体的に記述しなさい。

ただし、解答はそれぞれ異なる内容の記述とし、要求性能墜落制止用器具や保護帽の着用、朝礼時の注意喚起、点検・整備などの日常管理、安全衛生管理組織、新規入場者教育に関する記述は除くものとする。

1. 墜落災害

2. 崩壊・倒壊災害

3. 重機関連災害

問題2 【解答欄】

1.	(1)	
	(2)	
2.	(1)	
	(2)	
3.	(1)	
	(2)	

問題3 次の1.から8.の各記述において、記述ごとの①から③の下線部の語句のうち**最も不適当な箇所番号**を1つあげ、**適当な語句**を記入しなさい。

1. 作業場に通じる場所及び作業場内には、労働者が使用するための安全な通路を設け、かつ、これを常時有効に保持しなければならない。通路で主要なものにはこれを保持するため通路であることを示す表示をしなければならない。

　屋内に設ける通路は用途に応じた幅を有し、通路面から高さ1.8m以内に障害物を置いてはならない。
　　①　　　　　　　　　　　　　　　　　　　　　　　　　　　　　　　　②
機械間又はこれと他の設備との間に設ける通路については、幅60cm以上としなければならない。
　　　　　　　　　　　　　　　　　　　　　　　　　　　　　　　　　　③

2．根切り工事において、掘削底面付近の砂質地盤に上向きの浸透流が生じ、この水の浸透力が砂の水中での有効重量より大きくなり、砂粒子が水中で浮遊する状態を<u>クイックサンド</u>という。
　　①

　　<u>クイックサンド</u>が発生し、沸騰したような状態でその付近の地盤が崩壊する現象を<u>ボイリング</u>という。
　　　　①　　　　　　　　　　　　　　　　　　　　　　　　　　　　　　　　　　　　　　　②

　　掘削底面やその直下に難透水層があり、その下にある被圧地下水により掘削底面が持ち上がる現象を<u>ヒービング</u>という。
　　①

3．場所打ちコンクリート杭地業のオールケーシング工法において、掘削は<u>ドリリングバケット</u>を用いて行
　　　　　　　　　　　　　　　　　　　　　　　　　　　　　　　①
い、1次スライム処理は、孔内水が<u>多い</u>場合には、<u>沈殿バケット</u>を用いて処理し、コンクリート打込み直
　　　　　　　　　　　　　　②　　　　　　　③
前までに沈殿物が多い場合には、2次スライム処理を行う。

4．ガス圧接の技量資格種別において、<u>手動</u>ガス圧接については、1種から4種までであり、2種、3種、4
　　　　　　　　　　　　　　　　　①
種となるに従って、圧接作業可能な鉄筋径の範囲が<u>大きく</u>なる。技量資格種別が1種の圧接作業可能範囲
　　　　　　　　　　　　　　　　　　　　　　　　②
は、異形鉄筋の場合は呼び名D<u>32</u>以下である。
　　　　　　　　　　　　③

5．コンクリート工事において、暑中コンクリートでは、レディミクストコンクリートの荷卸し時のコンク
リート温度は、原則として<u>35℃</u>以下とし、コンクリートの練混ぜから打込み終了までの時間は、<u>120分以</u>
　　　　　　　　　　　①　　　　　　　　　　　　　　　　　　　　　　　　　　　　　　②
内とする。打込み後の養生は、特に水分の急激な発散及び日射による温度上昇を防ぐよう、コンクリート
表面への散水により常に湿潤に保つ。湿潤養生の開始時期は、コンクリート上面ではブリーディング水が
消失した時点、せき板に接する面では脱型<u>直後</u>とする。
　　　　　　　　　　　　　　　　　③

6．コンクリートポンプを用いてコンクリート打設を行う際、コンクリートポンプ1台当たりの1日の打込
み量の上限は<u>250㎥</u>を目安とし、輸送管の大きさは圧送距離、圧送高さ、コンクリートの圧送による品質
　　　　　①
への影響の程度などを考慮して決める。輸送管の径が大きいほど圧力損失が<u>大きく</u>なる。
　　　　　　　　　　　　　　　　　　　　　　　　　　　　　　　　②

　　コンクリートの圧送に先だちポンプ及び輸送管の内面の潤滑性の保持のため、水及びモルタルを圧送す
る。先送りモルタルは打設するコンクリートと同等以上の強度を有するものとし、モルタルは型枠内に<u>打</u>
<u>ち込まない</u>ことを原則とする。
　③

7．型枠組立てにあたって、締付け時に丸セパレーターとせき板の角度が大きくなると丸セパレーターの破

断強度が大幅に低下するので、できるだけ<u>垂直</u>に近くなるように取り付ける。
　　　　　　　　　　　　　　　　　　　　①

　締付け金物は、締付け不足でも締付けすぎても不具合が生じるので、適正に使用することが重要である。

締付け金物を締付けすぎると、せき板が<u>内側</u>に変形する。
　　　　　　　　　　　　　　　　　　②

　締付け金物の締付けすぎへの対策として、内端太(縦端太)を締付けボルトとできるだけ<u>離して</u>締付ける
　　　　　　　　　　　　　　　　　　　　　　　　　　　　　　　　　　　　　　　③

等の方法がある。

8．鉄骨の現場溶接作業において、防風対策は特に配慮しなければならない事項である。

　<u>アーク</u>熱によって溶かされた溶融金属は大気中の酸素や<u>窒素</u>が混入しやすく、凝固するまで適切な方法
　　①　　　　　　　　　　　　　　　　　　　　　　　　②

で外気から遮断する必要がある。このとき遮断材料として作用するものが、ガスシールドアーク溶接の場

合シールドガスである。しかし、風の影響によりシールドガスに乱れが生じると、溶融金属の保護が不完

全になり<u>アンダーカット</u>などの欠陥が生じてしまう。
　　　　③

　また、溶融金属中への<u>窒素</u>の混入は、溶融金属の破壊靱性を低下させる。
　　　　　　　　　　　②

問題3 【解答欄】

	不適当な箇所番号	適当な語句		不適当な箇所番号	適当な語句
1.			5.		
2.			6.		
3.			7.		
4.			8.		

問題4 次の1．から4．の問いに答えなさい。

　　ただし、解答はそれぞれ異なる内容の記述とし、材料の保管、作業環境（気象条件等）及び作業員の安全に関する記述は除くものとする。

1．鉄骨屋根下地に金属製重ね形折板葺きとするときの施工上の留意事項を**2つ**、具体的に記述しなさい。

2．外壁コンクリート面に防水形合成樹脂エマルション系複層仕上塗材（防水形複層塗材E）を用いて外装仕上げとするときの施工上の留意事項を**2つ**、具体的に記述しなさい。

3．木製床下地にフローリングボード又は複合フローリングを釘留め工法で張るときの施工上の留意事項を**2つ**、具体的に記述しなさい。

　　ただし、下地又は張付け後の養生に関する記述は、除くものとする。

4．せっこうボード下地に壁紙を直張り工法で張るときの施工上の留意事項を**2つ**、具体的に記述しなさい。

問題4 【解答欄】

1.	留意事項	(1)	
		(2)	
2.	留意事項	(1)	
		(2)	
3.	留意事項	(1)	
		(2)	
4.	留意事項	(1)	
		(2)	

市街地での共同住宅の建設工事における右に示す工程表に関し、次の1. から3. の問いに答えなさい。なお、**解答の旬日は、上旬、中旬、下旬**で記述しなさい。

〔工事概要〕

用　　　途：開放片廊下型共同住宅（バルコニー付き、トランクルームは地下1階とする。）

構造・規模：鉄筋コンクリート造地下1階、地上5階、塔屋1階建、延べ面積3,000m²とする。

基　　　礎：基礎はマット基礎とし、地下1階の床はマット基礎の上に湧水処理層形成材を敷き込みの上、床コンクリート直均し仕上げとする。

山　留　め：親杭横矢板、山留め壁自立工法とし、親杭は引き抜かないものとする。
　　　　　　山留め壁は、地下外壁型枠兼用とする。

外壁仕上げ：モルタル下地の上、二丁掛タイル張りとし、建具はアルミニウム製とする。

屋 上 防 水：アスファルト防水の上、保護コンクリート仕上げとする。

バルコニー及び：化粧防水シート張りとし、排水溝回り及びサッシ取合い立上り部は、塗膜防水とする。
開放片廊下床仕上げ

1. 表中の鉄筋・型枠・コンクリート工事の**A**及び防水工事の**B**に該当する作業名をあげなさい。

2. 作業の終了日が工程上**最も不適当な作業名**を表の中より選び、適当な工程となるように、その**終了日**を月次と旬日で定めなさい。

3. 内装工事の**外壁室内側現場発泡断熱材吹付け**の作業工程は未記入となっている。適当な工程となるように、断熱材吹付け作業の**開始日**及び**終了日**の期日を月次と旬日で定めなさい。

問題5 【解答欄】

1.　Aに該当する作業名 ＿＿＿＿＿＿＿＿＿＿＿＿　Bに該当する作業名 ＿＿＿＿＿＿＿＿＿＿＿＿

2.　最も不適当な作業名 ＿＿＿＿＿＿＿＿＿＿＿＿　終 　了 　日 ＿＿＿＿＿＿月＿＿＿＿＿旬

3.　開 　始 　日 ＿＿＿＿＿＿月＿＿＿＿＿旬　終 　了 　日 ＿＿＿＿＿＿月＿＿＿＿＿旬

月次 工種	1	2	3	4	5	6	7	8	9	10	11
	着工▽		地下躯体完了▽				躯体完了▽	屋上防水層完了▽		受電▽	竣工▽
仮 設 工 事	準備 ■	乗入構台架け ■	乗入構台払し ■		ロングスパンエレベーター ━━━━					片付け・清掃 ━━	
					外部足場 ━━━━						
土 工 事	山留め親杭 ■										
		根切 ■									
地 業 工 事			砂利地業 ■								
			捨コンクリート ■								
鉄 筋 ・ 型 枠 コンクリート工事			B1F立上り ━━	2F立上り ━ 4F立上り ━ 塔屋・パラペット ━							
			A ■	1F立上り ━ 3F立上り ━ 5F立上り ━							
地 下 1 階 湧 水 処 理 及 び 床 仕 上				湧水処理層形成材敷き込み ■	B1F床コンクリート ■						
防 水 工 事						屋上アスファルト防水 ━━	B ■ 防水保護コンクリート 外壁シーリング ━━━━				
バルコニー及び 開 放 片 廊 下 床 工 事						塗膜防水 ━━━			化粧防水シート張り ━━		
金属製建具工事						外部建具・額縁取付け ━━━ ガラス取付け ━━ 内部建具取付け ━━					
外壁タイル工事						タイル下地モルタル塗り ━━━ タイル張り ━━━					
金 属 工 事						バルコニー手摺取付け ━━━ 天井・壁軽量鉄骨下地組み ━━━					
木 工 事 木 製 建 具 工 事 家 具 工 事							木工事・木製建具工事・家具工事 ━━━━━				
内 装 工 事							壁ボード張り ━━━━ 天井ボード張り ━━━━ クロス張り ━━━ 床仕上げ張り ━━━				
塗 装 工 事							内部塗装仕上げ ━━━━				
外 構 工 事										舗装・植栽 ━━	
エレベーター工事								据付工事 ━━ 仮設使用 ▪▪▪▪			
設 備 工 事				━━━ 電気・給排水衛生・空調・他							
検 査				中間検査 ■			消防中間検査 ■	ELV労基署検査 ■			完了検査 ■

次の1. から3. の問いに答えなさい。

1. 「建設業法」に基づく建設工事の完成を確認するための検査及び引渡しに関する次の文章において、□□□に当てはまる語句又は数値を記入しなさい。

　　元請負人は、下請負人からその請け負った建設工事が完成した旨の通知を受けたときは、当該通知を受けた日から ① 日以内で、かつ、できる限り短い期間内に、その完成を確認するための検査を完了しなければならない。
　　元請負人は、検査によって建設工事の完成を確認した後、下請負人が申し出たときは、直ちに、当該建設工事の目的物の引渡しを受けなければならない。ただし、 ② において定められた工事完成の時期から ① 日を経過した日以前の一定の日に引渡しを受ける旨の特約がされている場合には、この限りでない。

2. 「建築基準法施行令」に基づく落下物に対する防護に関する次の文章において、□□□に当てはまる語句又は数値を記入しなさい。

　　建築工事等において工事現場の境界線からの水平距離が5m以内で、かつ、地盤面からの高さが ③ m以上の場所からくず、ごみその他飛散するおそれのある物を投下する場合においては、 ④ を用いる等当該くず、ごみ等が工事現場の周辺に飛散することを防止するための措置を講じなければならない。

3. 「労働安全衛生法」に基づく特定元方事業者の講ずべき措置等に関する次の文章において、□□□に当てはまる語句を記入しなさい。

　　特定元方事業者は、その労働者及び関係請負人の労働者の作業が ⑤ の場所において行われることによって生ずる労働災害を防止するため、 ⑥ の設置及び運営を行うこと、作業間の連絡及び調整を行うこと、作業場所を巡視すること、関係請負人が行う労働者の安全又は衛生のための教育に関する指導及び援助を行うこと等に関する必要な措置を講じなければならない。

問題6 【解答欄】

1.	①		②	....
2.	③		④	....
3.	⑤		⑥	....

1級 建築施工管理技術 検定試験

実地試験

解答例・解説

イ．工　事　名　□□□□マンション新築工事
ロ．工　事　場　所　東京都千代田区神田□□町○丁目○番○号
ハ．工　事　の　内　容　共同住宅、ＲＣ造、地上7階、延べ面積：1,730㎡
　　　　　　　　　　　　外壁：二丁掛タイル張り、一部コンクリート打放し、
　　　　　　　　　　　　居室床：フローリング張り、壁・天井：ＰＢ下地ビニルクロス張り
ニ．工　　　　期　2012　年　2　月　～　2013　年　3　月
ホ．あなたの立場　工事主任

1.

(1)	①	要求品質	打放しコンクリートの表面の平滑性および美観の確保
		重点品質管理目標	豆板やコールドジョイントをゼロにする。
	②	品質管理項目	型枠の割付とコンクリート打設の管理
		定めた理由	外壁の一部が打放し仕上げで、モルタル塗り等の補修が出来ない。リブ等の化粧があり、スペーサー後を含め美しい表面が要求されるため。
	③	実施した内容	型枠・セパレーター割付図による事前確認と割付通りの建込みの確認後、水洗いを徹底し、高周波バイブレーターを使用して流動化コンクリートを密実に打設した。
(2)	①	要求品質	二丁掛タイルの引張強度の確保
		重点品質管理目標	引張強度0.4N/㎟以上
	②	品質管理項目	下地の高圧洗浄面の確認及び1回の張付けモルタル2㎡以内の管理
		定めた理由	コンクリート打放し面の張付けモルタルの剥離を防止し、タイルと張付けモルタルの剥離を防止することがタイルの引張強度の確保となるため。
	③	実施した内容	コンクリート打放し面の高圧洗浄の確認（粗面・水分）をし、1回の張付けモルタルが2㎡以内になるようにタイル壁面への割振りを徹底させた。

2.

① 作業所における組織的な品質管理活動は、どのように行ったら良いか	社内における管理値と作業手順をもとに現場の特性、要求品質を工事毎の重点管理項目と管理値を工事着手前に定めて、作業手順に反映させて作業所の全員に徹底させる。
② 組織的な品質管理活動を行うことにより、どのような効果が得られるか	各作業所からの管理値・作業手順と出来栄えを分析し、作業所へフィードバックすることにより、全社的なレベルアップへの効果が得られる。

イ. 工　事　名	□□□□ビル新築工事
ロ. 工 事 場 所	千葉県松戸市□□○－○－○
ハ. 工 事 の 内 容	事務所、Ｓ造6階、延べ面積：1,250㎡
	外壁：ＡＬＣ＋防水形複層仕上塗材仕上げ一部アルミカーテンウォール
	事務所床：カーペットタイル、壁：ＰＢの上ＥＰ、天井：岩綿吸音板
ニ. 工　　期	2012 年 8月 ～ 2013 年 3月
ホ. あなたの立場	工事主任

1.

<table>
<tr><td rowspan="5">(1)</td><td rowspan="2">①</td><td>要求品質</td><td>鉄骨の柱のすえ付け面の精度確保</td></tr>
<tr><td>重点品質管理目標</td><td>鉄骨の柱のすえ付け面の精度±3㎜を確保する。</td></tr>
<tr><td rowspan="2">②</td><td>品質管理項目</td><td>鉄骨の柱のすえ付け面の精度の管理</td></tr>
<tr><td>定めた理由</td><td>高さ制限等により建物高さに対する要求品質及び事務所としての天井高さと床精度が重要なため。</td></tr>
<tr><td>③</td><td>実施した内容</td><td>各柱のすえ付け面のレベルをレーザーレベルで5箇所測定し、すべて管理値以内に調整した。</td></tr>
<tr><td rowspan="5">(2)</td><td rowspan="2">①</td><td>要求品質</td><td>アルミカーテンウォールの建入れ精度の確保</td></tr>
<tr><td>重点品質管理目標</td><td>方立ての建入れ精度を±1㎜とする。</td></tr>
<tr><td rowspan="2">②</td><td>品質管理項目</td><td>方立ての各階建入れ精度及び方立て全体精度の管理</td></tr>
<tr><td>定めた理由</td><td>アルミカーテンウォールは建物正面にあり、建物の顔として美観上重要で、特に建入れの精度が直接出来栄えに関連するため。</td></tr>
<tr><td>③</td><td>実施した内容</td><td>各階でのトランシットとピアノ線及びレーザにより確認し取付け、足場解体後全体を見ながらの微調整を実施した。</td></tr>
</table>

2.

① 作業所における組織的な品質管理活動は、どのように行ったら良いか	社内検査制度のうち、特に中間検査を重視して、要求品質を施工中の段階で確認後に次工程を進め、同時に手順を含めて精査する。
② 組織的な品質管理活動を行うことにより、どのような効果が得られるか	社内検査の結果を分析してその結果を各現場へ水平展開することにより現場での施工精度が向上し、手順も改善される。

イ．工　事　名　　□□□□工場改修工事
ロ．工事場所　　神奈川県川崎市川崎区□□町 ○－○－○
ハ．工事の内容　　工場、鉄骨造平屋、工場床：コンクリート金ゴテ押え厚膜型エポキシ
　　　　　　　　　樹脂系塗床材塗り替え面積2,150㎡、外壁：押出成形セメント板の上
　　　　　　　　　合成樹脂エマルションペイント塗り替え面積1,280㎡
ニ．工　　期　　平成 25 年　1 月 ～ 平成 25 年　3 月
ホ．あなたの立場　　工事主任

1.

(1)	①	要求品質	床コンクリートのレベル精度の確保
		重点品質管理目標	床コンクリートのレベル精度±３㎜/100㎡
	②	品質管理項目	床コンクリート金ゴテ仕上げレベル精度の管理
		定めた理由	工場ラインの変更により精密機械が設置されることとなったため、特に平滑な床が要求され、そのため土間コンクリート打ちの仕上げ精度の確保が重要となるため。
	③	実施した内容	床コンクリートの打設を３工区に分け10m毎にレベルのポイントをアングルで設置し、糸を張り打設し、均一になるように金ゴテ押さえのガイドとし、レベルで確認しながら作業を進めた。
(2)	①	要求品質	外壁のむらの無い美観の確保及び耐久性の確保
		重点品質管理目標	汚れ付着物がゼロ、塗装場所の温度5℃以上・湿度85％未満
	②	品質管理項目	汚れ付着物の壁全面確認、塗装場所の温度・湿度管理
		定めた理由	美観を含め耐久性確保には既存塗材との剥離の原因を除去する事で、施工時期が冬期となり施工された塗面の品質確保には温度・湿度管理が重要なため。
	③	実施した内容	汚れ付着物で素地を傷つけないように洗浄機と手作業を併用して実施箇所全面を確認し、塗装環境は、温・湿度計により確認し、万一管理値を確保出来ない場合、または、出来ないと想定される場合は作業を中止した。

2.

① 作業所における組織的な品質管理活動は、どのように行ったら良いか	現場からの品質確保の基準と出来栄えを精査し、各施工段階の要求品質を店社にて定めて、各作業所に展開し、次工程への確認基準とする。
② 組織的な品質管理活動を行うことにより、どのような効果が得られるか	現場間での品質のばらつきがなくなり、次工程への確認基準も一定となるため、管理活動の合理化にもつながる。

解 説

1．建築物の品質管理は強度、耐久性から性能、出来栄え、美観など多くの要素を実現するために行う。
施工者は発注者の品質に関する要望（要求品質）を設計図書などにより的確に読み取り、それを実現するためのステップとして、重点品質管理目標を定めて、施工のどの段階でどの様な管理を行うか品質管理項目（その管理項目が適切でなければ目標を達成できないので、定めた理由が重要となる）を定めて、具体的な品質管理を実施（実施した内容で目標を達成できるか決定する）することを求められている。

重点管理目標（定量化できる目標が望ましい）は、常識的な品質管理の実施で十分に達成できるものではなく、重点的に管理が必要なものを発注者のニーズや設計図書から読み取って選択する。

品質管理項目は重点管理目標を達成するのに必要で、施工プロセスで管理する項目を求めているので注意が必要。品質管理項目を定めた理由は、発注者の品質に関するニーズに合った重点管理目標を達成するための項目であることを書けば理由となる。

実施した内容は、あなたが現場で行った具体的な品質管理を記述する。設問の解答はすべて関連がなければならず、特に重点管理目標は管理値（数字等の定量化）を1つは入れる方が望ましい。また、今回は除外される記述はないが、工事概要で書いた現場と品質要求が関連しているかを確認してから記述する必要がある。

以下に要求品質になり易い事項を記載するので参考にされたい。
(1) 躯体関係

コンクリート強度、躯体精度（コンクリートの躯体精度、鉄骨の建て方精度等）、美観（コンクリート打放しの美観等）。
(2) 仕上げ関係

各工事の性能（タイル・塗装引張強度、外壁塗装・防水の耐久性等）、各工事の仕上り（カーテンウォールの美観・精度、外壁塗装の美観等）。
(3) 改修関連

改修箇所によるが躯体・仕上げと同じ。

2．今までの工事経験をふまえた解答を求める設問のため、自分の考えを記述すること。
①作業所における組織的な品質管理活動とは一つの作業所だけではなく、関連する各作業所でも行うためには組織的（店社等の指導等）に実施されなくてはならないが、品質管理のPDCA（計画・実施・検査・処置）とその水平展開（組織的に行わなければ出来ない）によるスパイラルアップが記述されていれば良い。具体的には以下の内容が含まれているのが望ましい。
・各作業所の品質管理活動の取組とその結果をどのように処理したか（具体的な結果の集計、分析と店社等へのフィードバック方法等）。
・各作業所からのデータの集積と分析、その結果の水平展開等の方法等。
②組織的な品質管理活動による効果については、①で記述した内容と合っていることは勿論だが、具体的には以下の内容が含まれるのが望ましい。
・品質のバラツキが無くなる等。
・品質管理活動の合理化がはかれる等。
・次工程への確認がスムーズになる等。

【解答例】

1.	(1)	足場の解体・組立作業では手すり等墜落防止策がない場合があるため、手すり先行足場の採用により墜落災害を防止する。
	(2)	仕上げ作業において躯体の床開口部からの墜落災害を防止するため、先行して仕上げ手すりを設置して、仮設手すりとして使用し、墜落災害を防止する。
2.	(1)	掘削工事で地山の表層部分が軟弱なため崩壊災害を防止するため、レールによる簡易山留を実施して、表層の崩壊災害を防止する。
	(2)	型枠工事において、支保工の脚部は根がらみおよび頭部の大引きと支柱固定、ブレース、水平つなぎと壁型枠との接続により倒壊災害を防止する。
3.	(1)	くい打作業でのくい打機の転倒災害を防止するため、重機移動範囲のセメントによる地盤改良と鉄板敷きを併用して重機災害を防止する。
	(2)	タワークレーンによる揚重作業の災害防止のため、基礎に山留用親杭を採用し、定格荷重の80%以下の使用を実施し重機災害を防止する。

■ 解 説

　現場での作業時に、対策を怠ると災害が発生してしまう。それを防止するための、施工計画を立案する時の災害防止対策を求める問題である。以下にそれぞれの設問に災害が発生するおそれのある作業を列記したので参考にされたい。

1. **墜落災害**：高所作業、足場（外部・内部）の組立て・解体、鉄骨建て方、カーテンウォール取付けなど。

　　墜落災害を防止するための**墜落防護工**は、通路、作業床などの**縁及び開口部**などで墜落のおそれのある箇所に設ける仮設の**墜落防止設備**で、束柱、上桟、中桟、つま先板（幅木）などから構成される。

① 種　　類
- ●第1種：荷揚げ用の開口部、階段の踊場、土止め壁上部など
- ●第2種：足場の作業床周辺など

② 寸　　法
- ●高さ　第1種：**950mm以上**　第2種：**900mm以上**
- ●**束柱の中心間隔**　**2m以下**
- ●**中桟の間隔**　つま先板と中桟及び中桟と上桟との内法間隔がそれぞれ**450mm**を超えないように取付ける。
- ●**つま先板の高さ、床面とのあき**　床面よりつま先板（幅木）の上面までの高さが**100mm以上**とし、つま先板と床面とのすき間は**10mm以下**とする。

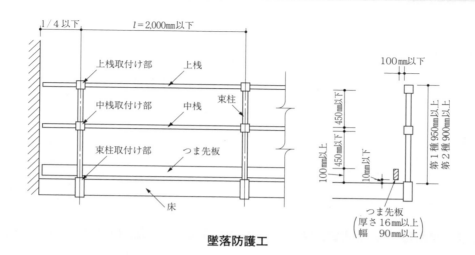

墜落防護工

2. **崩壊・倒壊災害**：材料等の集積（各工事にある）、地山掘削・盛土・山留、鉄骨建て方など。

　崩壊・倒壊災害には、ほかに、土砂崩壊災害、型枠支保工の崩壊災害、足場や解体中の建物の倒壊災害などがある。

　土砂崩壊災害については、作業箇所等の調査をした上で作業を行う、手掘りにより地山の掘削の作業を行うときは掘削面のこう配を地山の種類及び掘削面の高さに応じた勾配とする、地山の掘削作業主任者を選任し作業を指揮させる、等の防止対策を講じる。

3. **重機関連災害**：レッカーでの揚重（鉄筋・型枠・鉄骨・仕上げ材料等の揚重）、バックホウ（掘削・埋戻し・外構等）、杭打機など

　重機関連災害は重篤度が高いため、重機作業は有資格者に就かせることや、作業手順そのものに危険がないかを確認し、さらに監視人を設置するなど予防措置を講ずる。

　全体的な作業に共通する災害防止策（要求性能墜落制止用器具等）や日常の安全管理（入場者教育等）は除かれており注意が必要である。

問題３ 【解答例】

	不適当な箇所番号	適当な語句		不適当な箇所番号	適当な語句
1.	③	８０	5.	②	９０
2.	③	盤ぶくれ	6.	②	小さく
3.	①	ハンマーグラブ	7.	③	近接させて
4.	③	２５	8.	③	ブローホール

解 説

1. 安全な通路等の管理については安衛則に規定されている。（労働安全衛生規則　抜粋）

　　安衛則第542条（屋内に設ける通路）：事業者は、**屋内**に設ける通路については、次に定めるところによらなければならない。

　一　用途に応じた幅を有すること。

　二　通路面は、つまずき、すべり、踏抜等の危険のない状態に保持すること。

　三　通路面から高さ**1.8ｍ以内**に障害物を置かないこと。

　　安衛則第543条（機械間等の通路）：事業者は、機械間又はこれと他の設備との間に設ける通路については、**幅80cm以上**のものとしなければならない。

2. 根切り工事でおこる代表的なものの現状を以下に示す。

①**クイックサンド**：問題設問のとおり。

②**ボイリング**：問題設問のとおり。

※**パイピング**：ボーリング調査の穴や、クイックサンド現象の後、水道が出来てパイプから噴き上げるような現象。

③設問の現象は**盤ぶくれ**。

※**ヒービング**：軟弱な粘性土地盤でおこる現象で、根切り深さが深くなるに従って底面の地盤が背面地盤の重量をささえきれなくなり滑り破壊をおこし根切り底面がふくれ上がる現象。

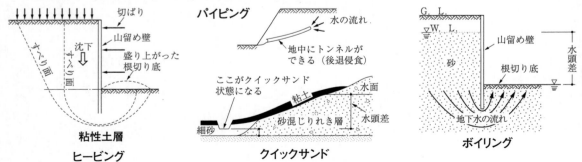

粘性土層
ヒービング

パイピング

クイックサンド

ボイリング

3. **オールケーシング工法**は、掘削孔の全長を**ケーシングチューブ**で孔壁保護を行うことを特徴としている。このケーシングチューブは、揺動または回転させながら土中に圧入する。

　ケーシングチューブ内の土は、**ハンマーグラブ**によってつかみ上げ地上に排出する。掘削完了後、ハンマーグラブや沈殿バケットで孔底処理を行い、鉄筋かごとトレミー管を建て込み、スライムが堆積している場合は2次スライム処理を行い、コンクリートに打ち込む。コンクリートの打上がりに伴い、ケーシングチューブを順次引き抜き、杭を築造する。

- 掘削中は、孔壁の崩壊や地盤の緩みを生じさせないために、原則として、ケーシングチューブ先端を掘削孔底面より先行する。また、地下水による地盤の緩みが生ずる場合、あらかじめ孔内に注水する。
- 所定の深度まで掘削したのち、ハンマーグラブを静かに孔底に降ろし掘りくずを除去する。**孔内水**がある場合は、掘りくず除去後ただちに**沈殿バケット**を孔底に沈めて、浮遊しているスライムをその中に沈降させて除去する。

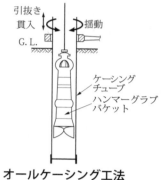

オールケーシング工法

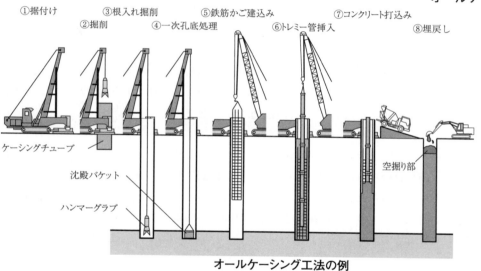

オールケーシング工法の例

4．ガス圧接継手の良否は、圧接技量資格者の技量に左右されることが多いので、技量試験に合格している**圧接技量資格者**によって施工する。

　　ガス圧接技量資格者の圧接作業可能範囲は表に示すとおりで、技量資格種別は1種から4種まである。2種、3種、4種となるに従って、圧接作業可能な鉄筋径の範囲が**大きくなり**、1種の圧接作業可能範囲は、異形鉄筋の場合は呼び名**D25以下**である。

圧接技量資格者の圧接作業可能範囲

技量資格種別	作業可能範囲	
	鉄筋の材質	鉄筋径
1　　種	SR 235 SR 295 SD 295 SD 345 SD 390	径25mm　以下 呼び名　**D25以下**
2　　種		径32mm　以下 呼び名　D32以下
3　　種	SD 490 （3種、4種 のみ）	径38mm　以下 呼び名　D38以下
4　　種		径50mm　以下 呼び名　D51以下

5．日平均気温が25℃を超えることが予想される期間を暑中コンクリートの適応期間とし、荷卸し時のコンクリートの温度は、**35℃以下**とする。

　　コンクリートの練混ぜから打ち込み終了までの時間の限度は、外気温が、25℃未満のとき120分以内、25℃を超えるとき90分以内とする。暑中コンクリートの場合**90分以内**となる。ただし、コンクリート温度を低下させたり、凝結遅延剤を用いたりして凝結を遅らせるような特別な処置をとった場合には、この時間を延ばすことができる。湿潤養生の開始時期は設問のとおり、せき板に接する面では**脱型直後**とする。

6．コンクリートポンプによるコンクリート打設はポンプの能力その他諸条件（輸送管の距離、高さ、打設時間等）によって違うが、上限の目安は**250㎥**。輸送管が大きくなればコンクリートを通すための圧力（圧力損失）は**小さく**なる。先送りモルタルは型枠内に**打ち込まない**ことを原則とする。

7．型枠組立てで丸セパレーターとせき板の角度が**垂直**より大きくなると破断強度が大幅に低下する。締付け金物を締付けすぎるとせき板は**内側**に変形するため、所要のかぶり厚さを得られなくなってしまう可能性がある。締付け金物を締めすぎない対策として金物と内端太を**接近させる**と外端太のたわみが少なく締付けにくくなる。

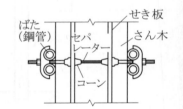

8．鉄骨母材が濡れている場合や風が吹いている場合は、溶接を行わない（防風対策が必要）。**アーク熱**によって溶かされた溶融金属へは酸素や**窒素**が混入しやすい。また窒素の混入は、溶融金属の破壊靱性を低下させる。ガスシールドアーク溶接とはCO_2、Ａrなどのシールドガスにより、アーク及び溶接金属を大気から遮へいしながら行うアーク溶接の総称で、風などの影響でシールドガスが乱れると、**ブローホール**（溶接金属中に生じる球状またはほぼ球状の空洞）などの欠陥が生じる。

　※アンダーカット（溶接の止端に沿って母材が削られて、溶接金属が満たされないで溝となってのこる部分）は溶接棒の保持角度、運棒速度の不適当などの原因でおこる欠陥。

問題4 【解答欄】

1.	留意事項	(1)	タイトフレームに固定する折板のボルト孔はボルト径より0.5mm以上大きくしない。
		(2)	折板の端部の端あき寸法は50mm以上とする。
2.	留意事項	(1)	下塗りは、だれ、塗残しのないように均一に塗り付ける。
		(2)	増塗りは、出隅、入隅、目地部、開口部回り等に均一に端部に段差がないように塗る。
3.	留意事項	(1)	敷居際の板そばは、敷居下に適当な空げきを設ける。
		(2)	小口の継手は、根太（受材）心継ぎとしなくて良い。
4.	留意事項	(1)	釘類はステンレス、黄銅以外は錆止め処理を行う。
		(2)	ジョイントは下敷きを使用して重ね切りとする。

解 説

1. 金属製重ね形折板葺の施工上の留意事項

① 折板をタイトフレームに固定ボルト留めするとき折板のボルト孔は、ボルト径より0.5mm以上大きくしてはならない。

② 折板の端部の端あき寸法は50mm以上とする。

③ 各山ごとにタイトフレームに固定し、流れ方向の重ね部の緊結のボルト間隔は600mm程度とする。

④ けらば包みのない場合は、最端部の折板の上底で留める方法を原則とし、けらば先端部には1.2m以下の間隔で、折板の山間隔の3倍以上の長さの変形防止を取り付ける。

⑤ けらば包みの継手位置には、タイトフレーム等の下地が必要で、継手位置はタイトフレームにできるだけ近くする。けらば包みの継手の重ねは60mm以上とし、重ね内部にシーリング材を挟み込む。

⑥ 軒先は、先端部分下底に尾垂れをつける。

⑦ 水上の先端には、雨水を留めるための水止面戸を用いる。

重ね形の例

軒先の尾垂れ

2. 防水形合成樹脂エマルション系複層仕上塗材の施工上の留意事項

① 材料の練混ぜは、仕上塗材製造所の指定する水の量で均一になるように行う。ただし、溶剤系の下塗材又は、上塗材の場合は、指定量の専用うすめ液で均一になるように行う。

② 2液形上塗材は薄める前に基材と硬化剤を指定の割合で混ぜ合わせる。

③ 下塗りは、だれ、塗り残しのないように均一に塗り付ける。

④ 増塗りは、出隅、入隅、目地部、開口部回り等に、はけ又はローラーにより、端部に段差のないように塗り付ける。

⑤ 基層塗りは、**2回塗り**とし、だれ、ピンホール、塗り残しのないよう、下地を覆うように塗り付ける。

⑥ 模様塗りは見本と同様の模様で均一に仕上げる。吹き付けの場合、指定の吹付条件により吹き付ける。ローラー塗りの場合、所定のローラーを用いて塗り付ける。

⑦ 上塗りは**2回塗り**とし、色むら、だれ、光沢むら等が生じないように均一に、はけ、ローラー又は、スプレーガンにより塗り付ける。

3. 木製下地にフローリングボード又は複合フローリングを釘止め工法で張るときの施工上の留意事項

① フローリングボードは、張付けに先立ち、根太および捨張りの上に**数日間並べ**環境によく順応させてから張り込む。

② 板の割付けを行い、継手を乱にし、板の割付け墨にあわせ、通りよく敷き並べて締付け、根太当たり雄ざねに**隠しくぎ打ち**して留付ける。

③ 敷居際の板そばは、敷居下に適当な**空げき**を設ける。

④ 小口の継手は、根太（受材）心継ぎとしなくてよい。

⑤ フローリング表面の塗装素地ごしらえは、張込み完了後、傷、汚れを取り除き研磨を行う。研磨は、目違い払いをし、研磨を掛けて平滑に仕上げる。

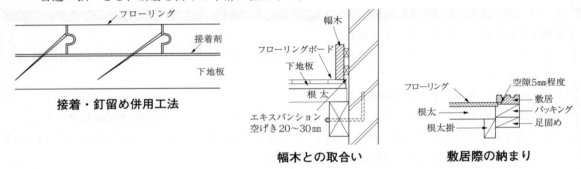

接着・釘留め併用工法　　　　幅木との取合い　　　　敷居際の納まり

4. せっこうボード下地に壁紙を直張り工法で張るときの施工上の留意事項

① 下地の凹凸、目違いなどがそのまま表面の仕上りに影響を与えるので、下地の施工精度を高める。

② 接着材の乾燥が遅いので十分な養生時間をとる。

③ 下地には接着性および作業性をよくするため、シーラー塗りがよい。

④ 下地に使われる釘、ビス等は、黄銅、ステンレスを除き錆止め処理をする。

⑤ 下地に刃物が当たり、傷を付けるとジョイントの目開きの原因となるので下敷きを用いて重ね切りとする。

問題5 【解答例】

1. 　Aに該当する作業名　　<u>マット基礎</u>　　　Bに該当する作業名　　<u>伸縮目地取付け</u>
2. 　最も不適当な作業名　　<u>タイル張り</u>　　　終　了　日　　<u>9　月　　中　旬</u>
3. 　開　始　日　　<u>7　月　　上　旬</u>　　　終　了　日　　<u>8　月　　下　旬</u>

■ **解　説**

1．Aに該当する工事は地業の捨コンが終わり鉄筋・型枠・コンクリート工事のＢ１Ｆ立上りの前の工事で工事概要から「**マット基礎**」となる。

　Bに該当する工事は防水工事で屋上アスファルト防水の後で防水保護コンクリートの前に行うため、保護コンクリートのための「**伸縮目地取付け**」が想定される。

2．外壁タイル工事の「**タイル張り**」を外部足場解体後も行っているので、最も不適当である。

　終了日は**9月中旬**が適当である。

　なお、10月上旬から下旬までバルコニー及び開放片廊下床工事では、化粧防水シート張りを行っているが、「床工事」は外部足場がなくとも何ら支障なく作業ができるため、すでに10月上旬には外部足場が解体されていても、問題はない。よって、最も不適当な作業名には該当しない。

3．外壁室内現場発泡断熱材吹付は１Ｆコンクリートの打設後の養生期間、壁型枠の解体完了は、５月上旬となっており、外部建具１Ｆ部分の作業の開始まで約２カ月未満と想定できるため、外壁室内現場発泡断熱材吹付作業の開始日は**7月上旬**頃が適当である。

　終了日は外部建具取付け終了の８月中旬より５Ｆの外壁室内現場発泡断熱材吹付作業を開始するので、**8月下旬**頃が適当である。

※外壁室内：外壁回りに該当する室内の壁面のことをいい、間仕切り壁は除く。

【解答例】

1. ① 　　　20　　　 ② 　　　下請契約　　　
2. ③ 　　　3　　　 ④ 　　　ダストシュート　　　
3. ⑤ 　　　同一　　　 ⑥ 　　　協議組織　　　

■ 解 説

1. 建設業法第24条の4（検査及び引渡し）

　元請負人は、下請負人からその請け負った建設工事が完成した旨の通知を受けたときは、当該通知を受けた日から**20**日以内で、かつ、できる限り短い期間内に、その完成を確認するための検査を完了しなければならない。

　元請負人は、検査によって建設工事の完成を確認した後、下請負人が申し出たときは、直ちに、当該建設工事の目的物の引渡しを受けなければならない。ただし、**下請契約**において定められた工事完成の時期から**20**日を経過した日以前の一定の日に引渡しを受ける旨の特約がされている場合には、この限りでない。

2. 建築基準法施行令第136条の5（落下物に対する防護）

　建築工事等において工事現場の境界線からの水平距離が5m以内で、かつ、地盤面からの高さが**3m**以上の場所からくず、ごみその他飛散するおそれのある物を投下する場合においては、**ダストシュート**を用いる等当該くず、ごみ等が工事現場の周辺に飛散することを防止するための措置を講じなければならない。

　建築工事等を行なう場合において、建築のための工事をする部分が工事現場の境界線から水平距離が5m以内で、かつ、地盤面から高さが7m以上にあるとき、その他はつり、除却、外壁の修繕等に伴う落下物によって工事現場の周辺に危害を生ずるおそれがあるときは、国土交通大臣の定める基準に従って、工事現場の周囲その他危害防止上必要な部分を鉄網又は帆布でおおう等落下物による危害を防止するための措置を講じなければならない。

3. 労働安全衛生法第30条（特定元方事業者等の講ずべき措置）

　特定元方事業者は、その労働者及び関係請負人の労働者の作業が**同一**の場所において行われることによって生ずる労働災害を防止するため、次の事項に関する必要な措置を講じなければならない。

一　**協議組織**の設置及び運営を行うこと。

二　作業間の連絡及び調整を行うこと。

三　作業場所を巡視すること。

四　関係請負人が行う労働者の安全又は衛生のための教育に対する指導及び援助を行うこと。

五　仕事を行う場所が仕事ごとに異なることを常態とする業種で、厚生労働省令で定めるものに属する事業を行う特定元方事業者にあっては、仕事の工程に関する計画及び作業場所における機械、設備等の配置に関する計画を作成するとともに、当該機械、設備等を使用する作業に関し関係請負人がこの法律又はこれに基づく命令の規定に基づき講ずべき措置についての指導を行うこと。

六　前各号に掲げるもののほか、当該労働災害を防止するため必要な事項。

【正誤等に関するお問合せについて】

　本書の記載内容に万一、誤り等が疑われる箇所がございましたら、**郵送 ・ ＦＡＸ ・ メール等の書面**にて以下の連絡先までお問合せください。その際には、お問合せされる方のお名前 ・ 連絡先等を必ず明記してください。また、お問合せの受付け後、回答には時間を要しますので、あらかじめご了承いただきますよう、お願い申し上げます。

　なお、正誤等に関するお問合せ以外のご質問、受験指導および相談等はお受けできません。そのようなお問合せにはご回答いたしかねますので、あらかじめご了承ください。

お電話によるお問合せは、お受けできません。

【郵送先】

〒171-0014

東京都豊島区池袋2-38-1　日建学院ビル 3階

建築資料研究社 出版部

「令和6年度版 1級建築施工管理技士 二次対策問題解説集」正誤問合せ係

【FAX】

　03-3987-3256

【メールアドレス】

　seigo@mx1.ksknet.co.jp

【法改正 ・ 正誤等の情報について】

　本書の記載内容について発生しました正誤情報につきましては、下記ホームページ内の「正誤 ・ 追録」で公開いたしますのでご確認ください。

　なおホームページへの掲載は、対象試験終了時ないし、本書の改訂版が発行されるまでとなりますので予めご了承ください。

http://www.kskpub.com/ ➡ 訂正 ・ 追録

令和6年度版　1級建築施工管理技士　二次対策問題解説集

2024年6月5日　初版第1刷発行

編　　著　　日建学院教材研究会

発　行　人　　馬場 栄一

発　行　所　　**株式会社建築資料研究社**

　　　　　　〒171-0014　東京都豊島区池袋2-38-1　日建学院ビル 3階

　　　　　　TEL 03-3986-3239　FAX 03-3987-3256

　　　　　　http://www.kskpub.com/

表　　紙　　齋藤 知恵子（sacco）

印刷 ・ 製本　　シナノ印刷株式会社

©建築資料研究社　2023　ISBN978-4-86358-938-4　　　＜禁無断複製＞